Morning Leadership

清晨
领导力

新经理人的
50个领导力修炼

徐中 ◎ 著

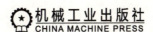

机械工业出版社
CHINA MACHINE PRESS

图书在版编目（CIP）数据

清晨领导力：新经理人的50个领导力修炼/徐中著.—北京：机械工业出版社，2020.8
（2025.4 重印）

ISBN 978-7-111-66201-3

I. 清… II. 徐… III. 领导学 IV. C933

中国版本图书馆 CIP 数据核字（2020）第 133297 号

清晨领导力：新经理人的50个领导力修炼

出版发行：机械工业出版社（北京市西城区百万庄大街22号 邮政编码：100037）
责任编辑：李 昭
责任校对：殷 虹
印　　刷：北京建宏印刷有限公司
版　　次：2025年4月第1版第7次印刷
开　　本：147mm×210mm 1/32
印　　张：9.25
书　　号：ISBN 978-7-111-66201-3
定　　价：69.00元

客服电话：(010) 88361066　68326294

版权所有·侵权必究
封底无防伪标均为盗版

时代巨变,在VUCA环境下的企业竞争中,新经理人从"I"型人才转变为"T"型人才已经远远不够,还需要从"T"型人才转变为"Y"型人才。"I"型人才是专家,"T"型人才是复合型管理者,"Y"型人才才是可以翱翔世界的企业家型领导者!

"Y"代表"3L领导力",是展翅高飞的鲲鹏的符号化表达,"Y"的一竖代表领导自我——自知、自信、自强,"Y"的右边一撇代表领导团队——选人、用人、育人,"Y"的左边一撇代表领导业务——战略、流程、绩效。领导自我是支点,领导团队是资源,领导业务是杠杆。

领导业务
Leading Business

领导团队
Leading Team

领导自我
Leading Self

"Y"型人才的3L领导力模型

目 录

赞誉
推荐序（杨斌　清华大学经济管理学院教授，领导力研究中心主任）
前言

导读 / 1

第一部分　起航篇

第 1 章　成为更好的自己 / 11

01 记住你是谁
　　哈佛 MBA 的最后一堂课 / 13

02 修炼领导力
　　人人都可以学会的五个原则 / 19

03 机会之窗
　　领导力跃迁的四个关键时期 / 26

04 成长型思维

　　埃隆·马斯克的领导力密码 / 29

05 行胜于言

　　清华百年校风的领导力启示 / 33

第二部分　领导自我

第 2 章　认识自我（一）/ 42

06 4-D 天性测评

　　性格真的决定命运吗 / 43

07 领导特质

　　高颜值更容易赢得他人的信任和追随吗 / 46

08 情商管理

　　五招教你拥有奥巴马的高情商 / 50

09 优势理论

　　优势如何加速你的成功 / 54

10 时间管理

　　什么决定了你的时间分配 / 57

第 3 章　认识自我（二）/ 62

11 人性假设

　　你是 X 型领导、Y 型领导，还是 Z 型领导 / 64

12 三观假设

　　领导哲学如何激发内驱力 / 67

13 价值观
  什么决定我们每天的决策和行动 / 70

14 洞悉人性
  如何在面试的前 3 分钟看明白一个人 / 76

15 认知不协调
  人们为何常常忘了为什么而出发 / 79

第 4 章　领导能力 / 84

16 前瞻力
  成功的领导者为什么总能找对方向 / 86

17 自控力
  如何通过 5 分钟提高自控力 / 89

18 自学力
  马斯克如何通过阅读无师自通多个领域 / 93

19 复原力
  王兴"九败一胜"的关键能力 / 97

20 逆转力
  雷军如何逆转手机战局 / 102

第 5 章　领导行为 / 108

21 以身作则
  如何做到言行一致，成为他人的榜样 / 111

22 共启愿景
  如何通过两招点燃他人的梦想 / 114

23 挑战现状
  如何寻找机会打破困局 / 118

24 使众人行

    如何促进团队信任与合作 / 121

25 激励人心

    如何激发员工的斗志 / 126

第三部分　领导团队

第 6 章　组建团队 / 132

26 选人之道

    阿里巴巴的人才观 / 133

27 4-D 团队

    为什么马云最佩服"唐僧团队" / 139

28 五项障碍

    导致团队低效的致命杀手 / 143

29 制度管人

    学会定规矩，拒绝人管人 / 147

30 优势互补

    没有完美的个人，只有完美的团队 / 150

第 7 章　教练赋能 / 155

31 职业成长

    如何让员工成为职业发展的主人 / 158

32 提问技术

    如何提出强有力的好问题 / 162

33 **3F 倾听**

如何听懂员工的弦外之音 / 166

34 **SBI 反馈技术**

反馈事实，拒绝评判 / 170

35 **360 度测评**

500 强企业经理人必做的领导力测评 / 173

第 8 章 管理沟通 / 179

36 **口头表达**

清晰表达背后的金字塔思维 / 181

37 **说服技巧**

讲好故事比数据逻辑更有力量 / 186

38 **高效会议**

是什么让谷歌团队持续高效 / 190

39 **向上管理**

为什么主动沟通的人更容易获得晋升 / 194

40 **关键对话**

如何通过冲突性对话增强信任与合作 / 198

第 9 章 领导"自由人" / 204

41 **自由人**

认识"90 后"的基本特质 / 207

42 **参与感**

增强员工的主人翁责任感 / 212

43 **游戏化管理**

如何"玩"出创造力 / 216

44 及时反馈
  快节奏时代的互动方式 / 220

45 宽容失败
  硅谷如何吸引和激发创意天才 / 223

第四部分 领导业务

第 10 章 团队绩效 / 230

46 结果导向
  培养以客户为中心的团队文化 / 232

47 目标设定
  KPI 还是 OKR，哪一个更适合你 / 235

48 挑战性任务
  货拉拉如何一年增长 6 倍 / 242

49 赢在执行
  郎平教练为何经常叫暂停 / 247

50 命运共同体
  团队建设的最高境界 / 252

后记 / 259

参考文献 / 262

赞 誉

我很喜欢徐中博士翻译的《领导梯队》[一]这本书，还曾经两次邀请他到美团来给我们的管理人员开讲座，这让我们受益匪浅。在这个时代，企业各层级管理者的领导力是决定企业竞争力的关键所在，徐中博士翻译了20多本关于领导力的著作，对领导力深有研究，我很期待他的《清晨领导力》。

——美团点评CEO⊙王兴

徐中博士是我的师弟，也是我特别好的朋友，他在领导力领域做了很多研究，翻译了大量的领导力著作，也给一些大型企业、独角兽企业做过培训。现在他给大家带来《清晨领导力》，我相信对大家是个大福利，会带来很多的启发和重要的知识。

——清华大学经济管理学院教授⊙宁向东

[一] 本书中文版已由机械工业出版社出版。

卓越的组织领袖无不诞生于混乱和喧嚣之中，他们拥有许多独特的人格品质，但最重要的是，他们都是顺应人性、组合人性、锻造人性的"魔术师"，既能充分激发人的自由精神与创造性，又能构建一种共同的秩序感。这是徐中博士的《清晨领导力》带给我的深刻感悟。我读过多本徐中博士翻译的西方领导力著作，我认为，这也许是这位谦谦学者对中国企业管理最重要的贡献之一。

——华为公司顾问，《下一个倒下的会不会是华为》作者⊙田涛

曾经多次邀请徐中博士到中国银联给管理人员授课，曾经阅读了多本他翻译的领导力书籍并从中受益，也曾经在很多个清晨聆听他精心录制的音频课程。非常敬佩徐中博士在领导力领域的长年深耕和持续输出，相信这本新书会让每一位读者受到启发，成为更优秀的领导者。

——中国银联支付学院院长⊙付伟

十年来，徐中博士一直是我在中国"人的发展"研究中的合作伙伴。我们一起使用"4-D系统"改善了数万名中国的个人、培训师和企业家的生活和事业。徐中博士是一个了不起的、有爱心的人和领导力发展专家，他有宽广的胸怀和敏锐的头脑，并致力于终身学习。他的《清晨领导力》将激励你去实现更充实、更有意义的人生。在今天这个新冠疫情改变世界各地人们生活的困难时期，最需要的就是领导力！

——NASA原副局长，原天体物理学部主任⊙查理·佩勒林博士

2019年徐中博士来美国参加学术会议，有幸与其在华盛顿彻夜长谈。我在美国学习和工作了20年，深切感受到美国社会对领导力无处不在的重视。领导力不只属于公司经理们，它更是每一位公民，尤其是每一位父母的必备素养。领导力的培养不是一朝一夕的事，而是一个长期的实践过程。《清晨领导力》可以让我们每天"学而时习"、事半功倍，所以我热切地把徐中博士的这本书推荐给你！为了你的未来，为了孩子的未来，为了社会的未来。

——美国马里兰大学商学院教授⊙高国栋

2013年，我在清华经管攻读MBA时，徐中博士是"领导力"必修课的主讲教授。徐中老师对领导力理论深入浅出的解读、对经典案例入木三分的剖析、对领导力金句信手拈来的旁征博引，是当年清华课堂的最美记忆，更是此后管理实践的实用宝典。祝贺徐老师把领导力理论与实践精髓浓缩成《清晨领导力》，普惠有志于提升领导力的每个人。

——微软大中华区创新技术合作事业部负责人⊙严飞

作为徐中的爱人兼战友，6年前我毅然离开原来的职业加入他的团队一起创业。这6年中，我们在这样交织的关系中经历了各种领导力的挑战，在关系中修炼，成为彼此的镜子，不断学习与成长。我很感激徐中的努力，他引领我开启了自己的领导力探索之旅，与失联已久的自己相遇，非常幸福。我亲眼见证徐中对《清晨领导力》数易其稿，并有幸成为书稿的第一位读者。我期待这本书能给你带来一丝启迪，与自己相遇，成就自己，影响世界！

——智学明德国际领导力中心⊙佛影

推荐序

领导者永远要有"清晨心态"

我在教课的时候举过徐中博士的不止一个例子来说明有关领导力的行为,这在学生们听来是有些特别的,因为他们听惯了老师以名人或领袖作为领导力的样本,我也常如此。唯"名"是举本来是为了交流的便利,你知道我说的是谁,不消解释。长此以往,却助长了重要的认知谬误——领导力专属于居上位者,以及助长了"因人纳言"——本来,名人和领袖怎么做并不能证明那样做就是对的。

其实,我们需要的是日常生活中的观摩对象,是跳一跳够得着的参考榜样,是非克里斯马(Charisma)式的而又蕴含魅力的案例主人公,是从平凡得可以的身边甲乙中一路走来的知己,是我们自身的映射与心中的梦想的融合。

徐中博士自己的微信名字就带着"领导力"的标识,当然,这并不是我以他为例的原因,但也足见他在领导力领域的专注投入,以及投身于领导力开发这项志业的决心与定力。有过他张罗一伙子老朋友坚持打篮球的美好时光,在球场上,徐中经常被人呼作"领导力",技术水平在他身上是被精神面貌掩去了光彩的。时间紧张的他常迟到或早退,一上场他却如上了发条似的全力以赴。

我们虽是同庚,却有师生之谊。在1996年的冬雪中,我开过一门"逻辑四十九",给复习备考首届MBA全国联考的考生们讲解如何解答满分50分的逻辑推理题型。考生中就有徐中,他后来多次对他教的MBA学生说起这门课"点燃"了他。我当时确实是想鼓励这些离开校园有些日子的考生们,拿出自己的信心和斗志,以49分为既定目标而努力。刚有联考时的MBA考生格外珍惜这来之不易的改变命运的机会,有股如饥似渴的劲头,那种跃跃欲试的样子,让我印象极深。当时的教学从内容到方式都有许多不成熟与不如人意,但回想徐中他们这些"首届"人,吃螃蟹本身就体现其冒险精神,一起白手起家更形成了他们探索砥砺、敢想敢试的特征。

创就,这是徐中身上很浓厚很本质的劲儿。他决意放弃安稳的工作到北京来发展,在读MBA期间参与创办中国第一家高科技学生创业企业,在大学高管教育专业化、职业化历程中探索,参与早期高层次体育管理人才培养的试水,以及专心致志做领导力教育开发并乐在其中。他总是挑战现状,从不等靠讨要,甘于以身作则，勉力使众人行，沉浸在激励人心、共启愿景的角色中。

我举过的关于徐中的例子之一，是他对发生过和发生着的事情进行意义创建（Create Meaning）。我听过他跟众人分享他成长经历的独特价值——小镇、县城、省城、京城各种环境的历练助他积累起丰富包容的文化资本；我也眼见着他历经熔炉、省察内心、创建意义，再度满血进击。见过他的人，会在他的言辞之外，看到他眼神中同步表达着渴望的光。他的古诗词修为与超强的记忆力让他能够赋予平淡、黯淡的日子以别样的调性，也让他的授课表达在很多时候更有共鸣通情之力。

译介国外领导力的经典与新论，我算是鼓动者之一。他肯耐住枯燥，克难勉力接续，这需硬功夫，也是苦差事，个中滋味，徐中尽知。我更愿意选择思辨性强的特别之作，而徐中认认真真地引入了多本工具性强、能助力同行的系列，实为可贵。我们不时切磋些术语之译，徐中在照顾大众读者的同时，也能理解我有些过分的立异。这些努力，这些积累，对我们，都是极好的学习，与服务。

这一次徐中博士所著《清晨领导力》，是他翻译、授课、实践、总结基础上的更上层楼，牛刀新试，激情扑面。我想起多年前我们在郊区拼车上班的通勤旅程中就交流过，应以什么样的状态醒过来并迎接新的一天的工作和学习——这不是个小问题。身体上醒过来，心理上准备好，精神上再出发，**晨读暮省**，自古就是领导者的基本功课，现在看仍然是一个人修养与成长的基本功夫。有人喜欢在晨跑时"听读",徐中博士的五分钟清晨领导课系列曾经就是热门之选。现在,他又整理、更新、充实、丰富了这样一本书,对曾经的听众和更多的读者都很有意义。谨祝贺徐中博士的新书面世。

清晨、领导力,在我心中有着相当一致的意象。那是"立于高山之巅远看东方已见光芒四射喷薄欲出的一轮朝日"的愿景,也是"万类竞自由"、充满生机、充满发展可能性的感觉;既有"莫道君行早"、把握先机变局、风景独好的视野,更有"一切过往,皆为序章""而今迈步从头越"的心态。长期主义者的当下,仍在他们的清晨;无限游戏参与者的花园,总是处于不一样的清晨;成长型思维者的终身,都是他们习得进步的清晨。

清晨学领导力会受启发,"清晨"本身就有着对于领导力的启发。领导者永远是年轻的,像是"早晨八九点钟的太阳",领导者永远要有"清晨心态"。

读《清晨领导力》,做"清晨"的领导者。Be Ready, To LEAD,新的一天,新的我们,新的世界。

杨斌

清华大学经济管理学院教授,领导力研究中心主任

前　言

人生没有地图，但要有指南针

2017年2月，美团点评在上海召开为期两天的战略年会，我应邀去做一个演讲。第一天下午，管理团队200多人在一个湖边比赛划龙舟。CEO王兴给几只龙船点睛之后，与王慧文、我在湖边聊天。我提到了第二天上午准备演讲的内容，王兴想了想说："还是讲《领导梯队》吧。"我说："2014年年初不是已经给美团的管理团队讲过《领导梯队》吗？"但他还是坚持要我讲《领导梯队》这本书，因为美团的员工已经从7000多人增长到3万多人，大多数管理者没有真正实现角色和能力的转型。

2019年9月底，王兴在内部沟通会上再次分享《领导梯队》，他说："建设领导梯队，提升组织能力，需要看得更长远。在考虑美团未来10年时，如何通过各方面努力让新一批各层级领导者成长起来，是我们应该开始做的最重要的事。"

2013年11月，在上海香格里拉酒店，我邀请《领导梯队》作者、管理大师拉姆·查兰于2014年7月2~4日到北京授课，没有想到此后引发了一轮"拉姆·查兰热"。

2010年5月，当我在芝加哥的书店挑选出《领导梯队》英文原版书时，没有想到翻译《领导梯队》这本书会对美团，对中国工商银行、中国建设银行、招商银行、国家电网、中国石油、中国电信、中粮集团、华为、阿里巴巴、腾讯、OPPO、小米、知乎、货拉拉等数千家企业的领导梯队建设产生如此深远的影响，也没有想到这本专业性很强的书销量会超过数十万册，很多公司甚至要求经理人员人手一册。

2003年9月，当我加入清华大学经济管理学院（简称清华经管学院）开启高管培训的旅程时，没有想到这是一段充满巨大挑战且无比幸福的奋斗之旅。18年来，我有幸与数百家优秀企业和数万名经理人一起研讨卓越领导之道，探索成功领导力的"中道精神"。在这个过程中，我才真正意识到，教育是我最热爱的职业。

1998年5月，当清华IMBA1998届的高国栋和赵勇邀请我指导他们的"邦达团队"参加清华大学第一届创业计划大赛（最后他们获得了金奖第一名）时，我没有想到自己会参与1999年第一届中国大学生创业计划竞赛，而且我们的项目会获得金奖，赢得数千万的风险投资，并被誉为"第一家在校学生创业企业"，也没有想到清华的创业大赛会成为一把点燃未来中国高等教育创新创业的"星星之火"。

1996年10月初,当我走进清华园的MBA考前辅导班的那一刻,我没有想到会听到杨斌博士的"逻辑四十九"。杨斌老师让我们这些对逻辑考试感到绝望的学生重燃希望。当然,我也没有想到,这将埋下我未来从事领导力教育的种子。

写下上面这一段人生回顾,也是我之前从来没有想到过的。这让我想起了乔布斯2005年在斯坦福大学毕业典礼上讲的第一个故事:人生中的点点滴滴怎么串联在一起。实际上,在每个人的潜意识当中,都有一个人生使命在指引着自己。乔布斯也是在经历深入的人生探索、遭受重大的人生挫折之后才进入人生下半场,通过挫折"熔炉"、正念冥想等方式刷新自己,找到自己的人生使命,留下自己独特的印记。

我的经历是一次次职业和人生的转型,你的经历也可能会是一次次职业和人生的转型。**人生没有地图,但要有指南针。**

人生是一连串的选择,我们在不断的选择中成为今天的自己。斯坦福大学第10任校长、谷歌母公司Alphabet董事会主席汉尼斯在畅销书《要领》中写道:"我一生中干得最漂亮的两件事,首先是选对了一生的伴侣,其次就是接受了斯坦福大学的教职。这个顺序很重要。"

字节跳动创始人张一鸣说:"我在大一、大二的时候除了上课之外看了很多各种各样的书,传记占很大一部分。阅读最主要的是对你的兴趣、审美有塑造。看了传记之后,我自己在后来的择业,对我的职业规划更有耐心。你看到很多很伟大的人,年轻时的生活也是差不多的，也由点滴的事情构成，大家都是平凡人。你要有耐心，持续在一个领域深入，就会取得对应的成绩。"

2020年1月24日大年三十晚上，在疫情最危急的时刻，顺丰快递小哥汪勇在微信朋友圈看到武汉金银潭医院一位下夜班的护士发了好几次用车需求，几个小时无人响应。这时，他勇敢地站了出来，主动承担起接送医护人员上下班的任务。从大年初一到正月十三，他每天都要接送大概60人次。此外，他开始在各个微信群里招募志愿者，成为一位组织者。他们的队伍后来扩大到二三十人，他也被《人民日报》称为"生命的摆渡人"。

今天，人类进入了一个VUCA（不稳定、不确定、复杂、模糊）的新世界，每个人都拥有前所未有的选择机会和责任担当。人人都是领导者，人人都需要**"3L领导力"——领导自我、领导团队、领导业务。**

领导不是职务，而是担责，是成人达己。硅谷最伟大的教练比尔·坎贝尔说："头衔让你成为管理者，员工让你成为领导者；所有管理者最优先考虑的问题，应该是麾下员工的幸福和成功。"

领导力的本质是影响力，是"自强不息，厚德载物"的刻意实践，是"诚意、正心、修身、齐家、治企、利天下"的知行合一，是成人达己、成就卓越的奋斗历程。"领导力"三个字的要义是"引领方向、疏导沟通、熟能生巧"。

领导力并不神秘，它是一种信念、一套能力、一组行为，人人都可以习得。学习领导力首先要破除阻碍我们的迷思，要"祛魅"。领导力大师库泽斯和波斯纳自1982年以来对数百万领导者的研究发现，有五大迷思阻碍了我们：领导需要天赋，领导需要职务，领导需要优势，领导独当一面，领导与生俱来。他们提出："学习领导力，需要坚信和践行五个原则——**相信自己，追求卓越，挑战自我，寻求支持，刻意实践。**"

本书《清晨领导力》源自我2018年年初在喜马拉雅平台开设的"5分钟清晨领导课"50讲，这50讲基于我2011年以来为清华经管学院MBA开设的"领导力开发"课程，并结合在线学习的特点开发而成，倡导"每天清晨5分钟，唤醒你的领导力"的理念，是一种轻盈的陪伴式学习。截至2020年3月，已有超过29万人次收听，一些企业还团购给经理人员作为学习成长的重要资源，获得了听众们的好评。

听音频和看书有所不同。"5分钟清晨领导课"音频版的设计要求是"轻、短、趣"，每一节文字控制在1500字左右，内容看起来像是一块压缩饼干，5分钟的内容包含了"一个概念、一个故事、一个行动指南"，是一个高度精简的领导力入门教材，帮助你利用碎片化时间快速了解领导力，起到"传道授业解惑"的基本功效。你每天都可以运用这些知识点解决工作和生活中的问题，修炼自己的领导力。

《清晨领导力》则要充分体现文字表达的特点，其表达方式和口语化的音频不同。同时，因为没有音频时间的限制，文字表达可以更全面、更完整、更系统，因此，本书补充了不少新的名人名言、故事和案例，以使50讲每一个主题的内容更加丰富、完整和实用，听过音频的朋友可以从文字当中看到这些不同。

德鲁克在《卓有成效的管理者》[⊖]"如何管理上司"一节中说道：**"人大致可以分成两种类型——读者型和听者型。"** 每个人的学习方式都有所不同，有的人喜欢看书、阅读，有的人喜欢听音频、看视频，有的人则喜欢交流讨论。希望《清晨领导力》一书可以受到音频课一样的欢迎，助力企业更好地搭建领导梯队、培养后备干部，助力新经理人更快更好地实现领导力转型，培养正确的领导理念、思维、能力和行为习惯。

关于新经理人的个人发展，我特别推荐麦肯锡前董事长兼全球总裁鲍达民先生在 2017 年清华经管学院研究生课程"全球领导力"的最后一堂课中，给清华学子的 7 条人生建议：

1. 培养良好的个人习惯（Personal Habits）

（1）周日晚上做计划（Sunday Night Planning for the Week）：首先你要想清楚要达成的目标，因为你每天可能会忙于处理和应对一些烦琐的具体事情，却没有把重要的事情向前真正推进。

（2）每周两次 2 小时的静思（2-Hour Think Sessions a Week）：确保给自己留下思考的时间，如果你不给自己留些思考时间的话，你也许就不会思考了，年龄越大越容易发生这个情况。

（3）做一个有趣的人（Being an Interesting Person-Having Hobbies）：记住要做一个有趣的人，那些整天都在工作或学

⊖ 本书中文版已由机械工业出版社出版。

习的人和那些只专注于干一件事的人都是很无趣的人。我还没有遇到过一个优秀的领导人是无趣的。提及这一条的原因是，在2000年的时候，我的一位导师说我是他见过的最无趣（Boring）的人之一，并且就这个问题说了我2个小时。或许我现在依旧是一个无趣的人，但是这件事让我从另一个角度重新审视了自己。

（4）服务社团（Doing Good in Your Community）：当今世界，为社团贡献力量是极其重要的，你可以通过公司的方式贡献力量。我认为自私的人是很难持续发展的，人们可以闻到自私的味道。我经常能够听到有人说"我做了什么"，从他们的话语和行为中，你就可以感受到他们的自私。

（5）学会写作（Learning to Write Well）：学会写作是极其重要的，我们今天在社交场合中已经理解到不同沟通方式的有效性和重要性，但怎么做到是很重要的。

2. 健身（Physical Fitness）

保持身体健康很重要，现在的生活节奏很快，精力充沛至关重要。我们不是要管理自己的时间，而是要管理我们的精力和能量。

3. 广泛阅读（Reading Widely）

广泛阅读很重要，我在阅读商业文章的时候会全神贯注，虽然这些文章有些枯燥。我强迫自己去读一些能让我跳出固化思维的东西，纽约书评就是其中之一。在10分钟内，我就能消化一本书中的诗歌艺术、地缘政治或教育信息。

4. 适度冒险（Taking Risk）

我最大的遗憾之一就是在年轻的时候太保守,我担心如果我没有达到某些要求就找不到工作,我担心我做的事情会失败。每一次勇于冒险,都会让我受益,就算这件事情最后有一半的概率不会成功。我一开始并不喜欢这种感觉,但是两三年之后,我开始喜欢上这种感觉。我并不是说你必须享受失败,我只是在建议走出自己的舒适区去承担风险,这是一个领导者成长最快的方法,你承担的风险越多,你成长得越快。

5. 雄心抱负（Having High Ambition）

我希望你们能够知道,你们正处于一个非常有利的位置,能坐在这个屋子里面,就已经证明了你们是一群非常优秀的人。我并不是在给你们施压,我只是希望你们能成为有雄心抱负的人,这个世界还有很多机遇和挑战在等着你们,希望你们勇敢接受这些机遇和挑战。

6. 大胆的梦想（Having Bold Dreams）

你们生活在全世界最令人振奋的国家,这个国家在未来肯定会成为世界的领导者。如果这个时候你没有大胆的梦想——并不是说要成为百万富翁之类的自私的梦想,而是说你能为这个世界带来什么改变——你应该感到羞愧。

7. 国际化（Being International）

去国外旅游或者在国外生活一段时间,去培养国际化视野,在全球化的层次上参与一些话题的讨论。

最后，要感谢很多人对这本书的贡献。这是一本共创之作。正如《高效能人士的七个习惯》作者史蒂芬·柯维博士所说："不是我发明了它们，而是这些原则本来就存在，我只是发现并且把它们有机地整理成一个最简单、实用的提升个人效能的操作系统。"

感谢彼得·德鲁克、沃伦·本尼斯、拉姆·查兰、詹姆斯·库泽斯、巴里·波斯纳、杰克·韦尔奇、史蒂夫·乔布斯、比尔·盖茨、埃隆·马斯克、任正非、马化腾、王兴、刘峰、杨斌等卓越的学者和企业家，我从他们的领导力思想和实践中受益匪浅，本书也引用了他们的思想和故事。

感谢美团点评CEO王兴、清华经管学院教授宁向东、微软大中华区创新技术合作事业部负责人严飞和我太太佛影在喜马拉雅音频课的真诚推荐，每一次收听，都带给我很多鼓舞！感谢中国银联支付学院院长付伟和美国马里兰大学教授高国栋等老朋友的热情推荐！感谢清华经管学院领导力研究中心主任杨斌教授20多年来的引领和指导，让我在领导力这条学术道路上砥砺前行！感谢我的博士导师姜彦福教授以及姜门师兄弟们带给我的"师长领导力"和"学长领导力"的温暖体验！

感谢过去18年我参与的数百个领导力培训项目的同学、学员和客户，他们在课堂上带给我的挑战、印证、启发、思考和鼓舞，是我不断前行的巨大动力！

感谢孟令琳在音频课撰稿期间给予的积极支持，感谢杨妙蕾在音频剪辑方面的高质量工作。感谢喜马拉雅平台的邱裕明、张鹏等朋友的大力支持，是他们的专业指导，让音频课程受到听众的欢迎。感谢专业的视觉引导师余辉专门为本书的每一章绘制插图，让本书的文字更加视觉化、情感化。

衷心感谢机械工业出版社华章分社的王磊副总经理、李昭编辑等多位朋友的信任和认可，他们的精心策划和专业建议，让这本书更适合读者阅读。

这本书的创作是一次共创之旅，希望对本书内容的阅读与践行是你和我新一次的共创之旅！

导　　读[一]

领导力自古就有，有人的地方，就有领导力，但领导力的缺失从未像今天这样严峻。

在今天这个新技术和全球化驱动的指数级变化时代，处处需要领导力，时时需要领导力。哈佛商学院教授约翰·科特在《变革加速器》[二]一书的开篇中写道："我们正在穿越一条边界，进入一个充满难以预测的混乱和指数级变化的世界，我们对此尚未做好准备。"

新经济的崛起，环境的动荡和不确定性使得企业正在从"登山"转向"航海"，"95后"互联网原住民进入职场加速了组织从传统的以"事"为中心的管理转向以"人"为中心的领导。越来越多知识型组织和小团队的工作需要每个人的参与、敏捷的反应和分布式决策，这就要求领航人具有谦逊的胸怀和服务的心力，具有更强大的前瞻力、学习力和激发力。

华为创始人任正非说："一个公司取得成功有两个关键——

[一] 本文是喜马拉雅音频课的发刊词，略有修改。
[二] 本书中文版已由机械工业出版社出版。

方向要大致正确，组织要充满活力。"在今天这个 VUCA 的新世界，当你放眼中国 4000 多家上市公司和身边的公司，有多少领导人能够做到让组织的战略方向大致正确呢？有多少领导人能够真正激发组织的活力呢？又有多少公司不是机会主义的昙花一现呢？我有幸很早就与中国股市同行，1991 年在大型国企我就拥有了 1000 股原始股，公司在 1994 年上市，让我有了近 30 年观察上市公司的机会。其间，我看到许多让人兴奋不已的公司最后变得极其平庸，甚至一落千丈、万劫不复。

在哈佛商学院院长尼汀·诺瑞亚主编的《领导力教学手册》中有这样一句话：**"管理可以完成任务，但不能创造奇迹，只有领导力才能创造奇迹。"** 中国在改革开放的 40 多年里创造了伟大的奇迹，无论是中国移动、中国建设银行、一汽-大众、招商局集团等大型央企，还是华为、阿里巴巴、腾讯、美团点评、吉利汽车等优秀民营企业，它们的成功无一不是高度重视各级领导人才的培养、把人才梯队建设当作核心竞争力打造的成功。

但从全国范围来看，大多数企业存在严重的人才短缺、领导力短缺等问题，科学、高效的领导力发展仍然是一个新事物、一个大问题。即使是全部 4000 多家上市公司，大多数也没有建立起有效的领导力发展体系，各层级经理人员的成长和胜任主要依靠"野蛮生长"。很多企业存在严重的人岗错配、拔苗助长、重事轻人、无从下手等问题。

现代组织的领导力教育在中国的历史还不长。清华经管学院是国内最早开设领导力开发课程的院校之一。1999 年，杨斌教授首次开设"道德领导力与组织信誉"课程，2003年开设"再造领导表现"（2004年改为"卓越领导之道"）高管培训项目，以及"领导与变革"选修课。2009年，清华经管学院推出新版MBA，"领导力开发"成为MBA的必修课。今天，全国200多所开设MBA的商学院中，能够开设领导力开发课程的也是少数，远远不能满足MBA对领导力发展的需求，更不用说为企业提供急需的领导力培训支持。

2003年，我很幸运地回到清华经管学院从事管理和领导力培训工作，并有机会与数百家中国和国际最优秀的企业合作，对它们的人才发展需求有第一手的观察、思考和响应。正如任正非倡导的向美国伟大企业学管理，为了回应中国企业对于领导人才培养的需求，我近10年每年都会去美国参加各种领导力论坛和会议，包括ATD（人才发展协会）峰会、领越®领导力峰会、SHRM（美国人力资源管理协会）年会、脑神经领导力峰会（NeuroLeadership Summit）等，引进国际第一流的权威课程、书籍和方法。其中一个转折点是2010年在芝加哥参加ASTD（美国培训与发展协会）年会期间，我发现了被誉为"领导力开发圣经"的《领导梯队》。此后10年，我领衔翻译了《领导梯队》《领导力》《领导力教练》○《领导变革》○《领导力教学手册》等20多部领导力经典著作，也曾多次应邀给中国移动、中国电信、中国建设银行、中国银行、招商银行、华为、阿里巴巴、美团点

○○ 本书中文版已由机械工业出版社出版。

评、小米、瓜子二手车、知乎、艾默生和清华大学 MBA 与高管培训班的经理人员讲授这些书籍和领导力课程，见证了领导力培训在企业领导梯队建设和组织能力建设上的重要作用。

在与数以千计企业的交流和合作中，我看到越来越多的职场人士渴望学习和提升自己的软实力，开发自己的情商和逆境商，更好地认识自身的优劣势，找到最佳的职业定位和成长路径，以便在这个快速变化的商业环境中扬长补短、取得领先。

关于这门"清晨领导课"，你可能会问：我算不上是"领导"，为什么要学领导课呢？什么是"清晨领导课"呢？即使要学领导力，每天 5 分钟又能够学到什么呢？

恭喜你，你提出了三个很好的问题。提问是最重要的领导技能之一。

我首先来回答第一个问题，为什么要学领导课呢？

- 如果你是一名学生，领导力是你志存高远、提高情商、竞选干部、拿到世界 500 强 offer 的关键能力之一。我在清华担任 MBA 面试评委和教授"领导力"课程多年，深知领导力是 MBA 面试和培养的重点内容，是你自知、自信和自强的关键。

- 如果你是一名员工，领导力是你积极主动、团队合作、建功立业、升职加薪的重要技能。我曾参与一家知名银行的新员工培训，一位优秀的行长在经验分享中说："员工勇于担当的积极心态，与人合作的沟通能力，在很大程度上决定了他们的职场成功。"

- 如果你是一名经理,领导力是你勇于担当、共启愿景、知人善用、带好团队和创造佳绩的核心能力。

很多人认为领导力是一个充满魅力、神秘和争议的学术领域。那么,什么是领导力呢?被誉为领导学之父的沃伦·本尼斯说:"领导是做对的事,管理是把事做对。"领导力不仅仅是一种技能,更是一组习惯行为。领导者的行为影响追随者的行为,行为创造结果。领导不同于传统的管理,管理是以事情为中心,是以正确的流程和方法高效地完成重复性的既定任务;领导是以人为中心,是以使命、愿景和价值观激发人的责任感、自信心、好奇心、创造力和团队协作能力,是面向未来抓住机会进行创新和变革的驱动力。

从人才的培养来说,儒家倡导的"诚意、正心、修身、齐家、治国、平天下"堪称完美的标准和系统,在中国过去2500多年的人才培养过程中发挥了极其重要的作用。

从胜任力标准来看,伟大的军事家孙子说过:"将者,智、信、仁、勇、严也。"这五条很精准、很完整,不仅适用于军队的将领,也适用于今天的商业领导者。

从领导者的职责来看,领导的责任,归结起来,主要是出主意、用干部两件事。所谓"出主意",可以理解为前瞻未来、做出正确的判断和决策;"用干部",就是知人善用、使众人行、激励人心。

从领导者的风范来看，邓小平一生"'三落三起'，在被错误地打倒和蒙受冤屈时，从不怨天尤人，从不心灰意冷，总是不屈不挠、沉着坚韧，对党和人民无限忠诚，愈加激起探索真理的勇气，更加深入地思索中国革命和建设的经验教训和根本规律问题，发愤要有新的更大作为"。他"无私无畏的品德、坚忍不拔的意志、海纳百川的胸怀"，堪称卓越领导者的伟大典范。

从领导者的行为标准来看，库泽斯和波斯纳的研究独树一帜，在国际上赢得了广泛的赞誉。他们通过对数万名卓越领导者的深入研究，辅以300多万参与者的领导行为清单（LPI）测评结果，提出领导力就是动员大家为了共同愿景努力奋斗的艺术。卓越的领导者都具有五种习惯行为：**以身作则、共启愿景、挑战现状、使众人行、激励人心。**

此外，领导力教育排名第一的美国创新领导力中心（CCL）提出，虽然各种定义表达各异，但都包含三个共同要素：**领导力本质上是一种影响他人的社会过程，领导者的性格决定领导风格，情境影响领导力的发挥。**

第二个问题，什么是"清晨领导课"呢？

很多人都听过篮球巨星科比的那句名言："谁见过洛杉矶凌晨四点的太阳？"科比的成功，源于他长期坚持凌晨四点开始训练，他的成功是自律和勤奋的成功。

"一日之计在于晨"，清晨是红日东升、万物复苏的时刻，是学习成长的最佳时间。"清晨领导课"可以唤醒你的目标意识，聚焦你的注意力，帮助你坚持不懈地培养一种良好习惯，牵引你的思维和行为,塑造你每天的最佳表现。

清晨既是一天的开始,也是一种人生理念,它意味着光明和希望,领导者就是带给他人光明和希望的人。成功人士大多是善于利用清晨时间的人。

第三个问题,5分钟能够学到什么呢?

我们先来看一个小故事。曾有一个演讲爱好者问英国首相丘吉尔:"敢问阁下,做一个2分钟的演讲,你需要多少时间来准备?"丘吉尔答:"半个月。"又问:"5分钟的演讲呢?"回答:"一个星期。"再问:"1个小时的演讲呢?"回答是:"无须准备。"

这个故事说明了什么呢?它告诉我们,越是短小精悍的演讲,越是字字珠玑、含金量高,越需要精心的打磨和充分的准备。这就是所谓的"兵不在多而在精",本书的一个重要特点就是让你"看得懂,记得住,用得上"。

本书分为四大部分,囊括50个领导力基础知识点,引导你认识和学习领导力的三大基石:**领导自我、领导团队和领导业务**,帮助你更好地见贤思齐,认识自己的领导力优劣势,找到努力的方向、差距,以及提升的最佳方法、路径和工具,加速自己的成长。

第一部分是启航篇。要成为更好的自己,你就要从人生理想、原则、时机、思维、行为五个方面来了解人生成长和成功的关键要素。

第二部分是领导自我,这是领导力的核心、起点和基石。没有"自强不息,厚德载物"的自我,你就不可能赢得他人的信任和追随。你都不是狮子,怎么能吸引狮子的追随呢?我们将从认识自我、理解人性、领导能力、五项行为四个方面进行学习和修炼。

第三部分是领导团队。领导是通过他人去完成任务的学问，"选用育留"是领导的基本功。我们将从组建团队、教练赋能、管理沟通、领导"自由人"四个方面来学习和修炼。

第四部分是领导业务。领导必须产生结果、达成目标，因此，你必须精通业务、追求结果、善于管理、卓越执行，这一部分我们将重点学习如何提高团队绩效。

当然，一个人的成长和成功不是读一本书、听一门课就可以一蹴而就的，而是天时、地利、人和多方面因素的有机结合。超级畅销书《异类：不一样的成功启示录》讲述了比尔·盖茨成功的秘密，他是极少数"在机会出现时，有能力抓住它们的人"。从七年级（13岁）开始编程到哈佛大学二年级（20岁）退学，他已经拥有7年超过1万小时的编程经验，这样的经历在全世界同龄人中可能不会有超过50人拥有。当然，这7年的编程经历不是父母和老师有意识培养的结果，而是他自己天才般的预见力和坚持不懈学习的结果。

《异类》告诉我们，成功＝天赋＋努力＋环境＋机遇。

卓越是一种习惯。人们常说"21天培养一种习惯"，在未来的一段时间中，我将成为你的向导，陪伴你踏上认识自我、发展自我、发现成功和获得幸福的神奇之旅。

Life is a journey.

Leadership is a journey.

> 对于体力工作而言，我们所重视的只是"效率"。所谓效率，可以说是"把事情做对"的能力，而不是"做对的事情"的能力。但对于知识型员工和管理者，"做对的事情"的能力比"把事情做对"的能力更加重要。
>
> ——彼得·德鲁克《卓有成效的管理者》

第一部分
起航篇

人生是一次旅行，没有前进的路线图，但要有指南针；

人生是一次创业，没有具足的资源禀赋，但要有梦想和自信；

人生是一次自我超越，没有成功的统一标准，但要有"立德、立功、立言"的崇高追求。

"功崇惟志，业广惟勤"。我在上高中的时候，读到25岁的毛泽东写的《七古·送纵宇一郎东行》，给我很大的启发和鼓舞。那是1918年4月，毛泽东和新民学会的其他成员在长沙北门外的平浪宫聚餐为罗章龙（化名纵宇一郎）饯行。在码头分别时，毛泽东交给他一个信封，说内有一首诗相赠。诗的全文如下："云开衡岳积阴止，天马凤凰春树里。年少峥嵘屈贾才，山川奇气曾钟此。君行吾为发浩歌，鲲鹏击浪从兹始。洞庭湘水涨连天，艟艨巨舰直东指。无端散出一天愁，幸被东风吹万里。丈夫何事足萦怀，要将宇宙看稊米。沧海横流安足虑，世事纷纭从君理。管却自家身与心，胸中日月常新美。名世于今五百年，诸公碌碌皆余子。平浪宫前友谊多，崇明对马衣带水。东瀛濯剑有书还，我返自崖君去矣。"这首诗给人"壮志凌云、奇怀如海"之感。此后，每当遇到挫折、迷茫的时候，我就不由得想起这首诗。

第 1 章

成为更好的自己

第一部分
起航篇

导言

> 吾十有五而志于学，三十而立，四十而不惑，五十而知天命，六十而耳顺，七十而从心所欲，不逾矩。
>
> ——孔子《论语·为政》

> 重要的不是要成为一名领导者，而是成为你自己，充分地发掘你自己的潜能——你所有的天赋、技能和能量——去实现你的梦想，你必须全力以赴。
>
> ——沃伦·本尼斯（被誉为"领导学之父"，《成为领导者》作者）

本章，我们将从记住你是谁、修炼领导力、机会之窗、成长型思维和行胜于言五个方面来理解领导力发展的关键起点。

哈佛商学院前院长金·克拉克的母亲告诉他"记住你是谁"，领导力大师库泽斯和波斯纳通过30多年对数万名领导者的研究提出学习领导力的五个原则，领导力开发有四类关键的"机会之窗"，埃隆·马斯克追求创新颠覆的成长型思维，清华大学的校风是"行胜于言"——这些人生成长的关键定位、原则、理念和方法，可以春风化雨般地滋润一个人的灵魂，塑造一个人的人生追求、成长自信和奋斗路径。

01 记住你是谁
哈佛 MBA 的最后一堂课

中国有句古话:"男怕入错行,女怕嫁错郎。"人生最大的痛苦不是失败,而是选错了职业。没有了工作的热情,虽然辛苦工作多年,却"身在曹营心在汉"、一事无成,蹉跎了美好的年华。所以,选择大于努力,成功源于定位。

在《记住你是谁:15位哈佛教授震撼心灵的人生故事》一书中有这样一个故事:大约60年前,在美国犹他州的一个书香家庭,有一个小孩,每天清晨离家出门的时候,他的母亲总会叫住他,看着他的眼睛说,**"你今天出门是要当领导的,要坚守你的是非观,不要让任何人牵着你的鼻子走。记住你是谁"**。此外,他那热爱骑马的父亲也总是告诉他,**"在高处驰骋"**。

这些谆谆教导对于一个小学生来说不仅是难以理解的,而且可能是让人"压力山大"的。但正是母亲每天清晨的叮嘱和父亲不时的忠告,在他的心中播下了一颗种子,点亮了一盏明灯,指引了一个方向。这个当年的小学生在1995年担任了举世闻名的哈佛商学院的院长,他就是金·克拉克教授。

研究表明,人是在模仿中成长的。人生需要方向,更需要榜样。对于一个小孩而言,他一开始可能并不理解父母的叮嘱。但随着一天天的成长和经历,他会逐渐明白和领悟其中的要义,让这些叮嘱成为自己的人生原则。克拉克父母的叮嘱时刻提醒他:"你要做一个与众不同的人,无论何时何地,你都是一个尊贵的、具有影响力的人。"所以,不知从何时起,无论做什么事情,克拉克都会努力记住自己是谁。即便是后来成了哈佛商学院院长,克拉克教授也一直没有忘记自己是谁,而且这激发了他惊人的热情和力量。

有缘的是,克拉克院长1998年来清华经管学院演讲时,正在念MBA的我有幸当面领略了他的风采。记得当时的伟伦楼国际报告厅,300多个座位坐得满满当当,开场之后,高大帅气的克拉克院长从主席台上一跃而下,走入人群,让我们体验到了哈佛商学院互动式案例教学的魅力。记得他说:"哈佛商学院的案例教学是用真实的案例让同学们融入决策者的情境,在信息不完备的情况下做出正确的决策。与企业实战决策失误造成的巨大成本相比较,课堂上的决策失误成本要低得多,同学们要大胆地尝试做决策,不要怕犯错,要为未来企业中的实战决策积累宝贵经验。"他还说道:"哈佛商学院有专门的职业发展中心帮助学生做职业发展测评和职业规划,找到最适合自己的职业定位。"

如果说克拉克院长的成功与他童年时期就明确了人生的理想、定位和原则有关,那么,如果你已经步入职场多年,但还没有找到自己的职业定位,该怎么办呢?

我们再来看另外一个故事:

> 1987年,一名44岁的中年男子被当时的主流社会抛弃了。他有不到3年的商海经历,结果却是以失败者的身份离开。

为了生存,他准备成立一家民营科技公司,但当时政府文件规定注册资本不得低于2万元人民币且股东不得少于5人,而他当时只有3000多元钱,他同一些人凑了2.1万元才获得了营业审批。在时代的节点上,他情愿抑或不情愿地成了被边缘化的商人,还是"个体户商人"。公司起步的生意是电信设备贸易,用那个年代的贬义说法,公司就是个"二道贩子"。虽然是"二道贩子",但他在开业之初就给自己和公司画了一张"大饼"——20年后,公司要成为世界级电信制造企业。而它面对的却是世界上最强悍的竞争对手——欧美日共9家公司,其中有8家是百年老店。

经过30多年艰苦卓绝的奋斗,这名男子打造出中国最具竞争力的高科技企业——华为公司。其2019年销售收入达到8588亿元人民币,拥有超过19万名员工。而这名男子就是今天家喻户晓的华为创始人任正非先生。

这个故事出自《下一个倒下的会不会是华为》,讲述了任正非被迫创业直至成功的艰难经历。

从这两个故事中可以看出,少年得志、不懈奋斗的克拉克教授可以取得事业的成功,命运多舛、大器晚成的任正非先生也可以取得事业的成功。**子曰:"朝闻道,夕死可矣。"** 一个人的事业成功固然与机遇的早晚有关,但更重要的是坚定的信仰、明确的目标、执着的热爱、不懈的奋斗。

那么，如何才能又快又准地找到自己的职业定位和职业目标呢？这方面的工具和方法有很多，我最喜欢的是管理大师彼得·德鲁克先生提出的"五步法"，也就是通过回答五个问题，帮助自己快速找到职业定位：

- 我的优势是什么？
- 我是如何做事的？
- 我的价值观是什么？
- 我适合什么公司和岗位？
- 我能够贡献什么？

第一个问题：我的优势是什么？

这是一个在面试中经常会问到的问题。我曾在一次面试中问一位应聘者他的优势是什么，他回答说："我的优势是勤奋、能吃苦、有想法，等等。"这类回答很普遍，但不是我想要的。实际上，很多人并没有深入思考过自己的优势是什么，因此，也就谈不上充分发挥自己的优势。简而言之，所谓"优势"是能让你在工作中乐此不疲且又快又好地解决问题、完成任务、创造价值的长处。例如，你的一个优势是善于新媒体写作，你写过300篇新媒体文章，其中有50篇阅读量在10万以上，这就是你的职业优势。

那么，如何才能发现自己的优势呢？德鲁克提供了一个回馈分析法，就是每当你做重要决定或采取重要行动时，写下你期望产生的结果。9~12个月以后，将实际结果与你的期望做对比。只要坚持两三年，你就能够发现你的优势所在，知道自己擅长做什么，什么是你能够又快又好完成的事情。

第二个问题：我是如何做事的？

我们每个人都有自己独特的做事方式，这与性格和习惯有关。在后面的章节中，我会给大家介绍美国国家航空航天局（简称美国宇航局）开发的 4-D 天性测评，我在过去 10 年给超过 200 个班 1 万多人做过天性测评，准确率达到 80%~90%，让很多人在短短 30 分钟内就对自己的行为偏好有了更加深入和全面的认识，知道自己最适合做什么，什么是自己发自内心的兴趣，以及获取信息和做决策的优势。

在现实工作中，有的人天生就喜欢和人打交道，喜欢做营销，另外一些人天生就喜欢独处，自己编程序、做研究；有的人天生就喜欢冒险、创新和探索，另外一些人天生就喜欢做安全、固定和重复的事情。

你可以问一下自己，你做事的最佳方式是什么？你通常是如何获取信息的？你喜欢独自工作，还是喜欢团队工作？你是喜欢做决策，还是喜欢做参谋？你是喜欢做有挑战性的工作，还是喜欢做安全稳定的重复性工作？

第三个问题：我的价值观是什么？

价值观是一个人做人做事的基本原则和理念，它决定了你每天的言行和时间投入。优秀的企业都非常重视价值观的培养，价值观是企业在发展过程中形成的、大家一致认可的、最重要的原则和理念。例如，华为的核心价值观是"以客户为中心，以奋斗者为本，长期艰苦奋斗，坚持自我批评"。如果你是一名华为员工，你在工作中的价值观就需要和华为倡导的价值观相一致，否则，你在工作中就容易和同事发生冲突，工作的重心和原则就容易出现错位。只有你的价值观和公司价值观基本一致，你才能主动、愉快、有效地与上司、同事协同合作。

第四个问题：我适合什么公司和岗位？

有一项统计表明，美国职场有一半人都曾经想过创业，斯坦福商学院大约1/5的MBA在毕业后就创办了自己的公司。你需要考虑自己适合在什么类型的公司中工作。

公司的类型有很多种，从规模上分有成熟的大公司和创业型公司，从体制上分有国有企业、民营企业和外资企业。所以，你要问自己，是喜欢在稳定的大公司中工作，还是喜欢去一家成长中的创业公司，是适合当一把手掌控全局、做决策，还是适合当副职、参谋，或者做专业性工作。不同类型的公司和不同类型的岗位所需要的心态、能力是不同的，你要想清楚自己的偏好和优势，才能找到合适的公司和岗位，释放自己的天赋与潜能。

第五个问题：我能够贡献什么？

公司都是结果导向的，都有KPI考核。你需要回答自己能贡献什么，这要从三个角度来考虑：第一，公司现在需要我完成的任务是什么？第二，我怎样做才能够做出最大的贡献？第三，做到最好的结果是怎样的？

一旦你静下心来想清楚这五个问题，相信你就会对自己的职业定位有更加清晰的认识。

02 修炼领导力
人人都可以学会的五个原则

在领导力的课堂上，经常有人问："领导力究竟是天生的，还是后天培养的？乔布斯、马斯克、任正非、王兴等，他们的领导力是怎样培养出来的？"这是一个难以回避的、极富挑战性的问题。很多人认为，当领导是需要天赋的，而我好像没有这样的基因和天赋，我的父母也没有当过领导，所以我天生不适合当领导。事实是这样的吗？

在《极客与怪杰》[1]一书中，哈佛大学肯尼迪政府学院的大卫·葛根教授讲述了这样一个故事：

> 大约100年前的美国，有一位年轻人，他戴着厚厚的眼镜，没法参加学校里的体育活动，大部分时间都待在家里，要么在农场干活，要么自己读书。朋友们认为他缺乏男子气概，他自己也这么认为。中学毕业后，他的家庭遇到困难，他就留在农场干了10年，认为人生平平淡淡就此结束了。不料在他33岁的时候，第一次世界大战爆发了，他应征入伍。有一次，在法国战场上，德国人的炮弹落在附近，士兵们担心被毒气伤害，就惊慌逃窜。他的战马摔倒在地上，差点让他负伤。他从地上爬起来，稳稳地站住，用最难听的脏话开始骂

---

[1] 本书中文版已由机械工业出版社出版。

人，让他的战友们回到战场，在那一刻，他的领导力被唤醒了。他在巨大的恐惧中站了出来，成了队伍的精神支柱。后来他们重新组队，度过了那个恐怖的夜晚，许多人最终都安全回到美国的家中，这些人在余生都忠诚于他。而在此之前，不管是他自己，还是别人，都从来没有把他看作一个领导者。

1946年，他成为美国第33任总统，也是20世纪唯一一位没有上过大学的美国总统，他就是杜鲁门总统。在一次评比当中，他被评为美国最受爱戴的总统的第五名，这是一个了不起的成就，要知道美国200多年历史上出了40多位总统，很多人成就卓著、声名显赫。从这个故事中看到，年轻的杜鲁门各方面条件看起来都很一般，30多岁也没有什么显赫的成绩和骄人的经历，看起来不是当领导的料。但是他没有放弃，他一直坚信自己、磨砺自己。最终，命运垂青有准备的人，他成为美国历史上最杰出的总统之一。

关于"领导力是不是天生的"这个问题，我曾经当面请教过领导力大师拉姆·查兰、詹姆斯·库泽斯、戴维·尤里奇等，他们都坚定地告诉我：领导力不是天生的，是后天可以造就的。我也曾经两次去美国的西点军校参观考察，并在《西点领导课》一书中看到西点军校前校长戴夫·帕尔默说过这样一句话：**"给我任何一个人，只要不是精神分裂症患者，我就可以把他培养成领导者。"**

那么，领导力的培养有什么高效的方法呢？这里介绍领导力大师库泽斯和波斯纳自 1982 年以来对数百万领导者研究的经典成果《学习领导力：成为卓越领导者的五项原则》。学习领导力首先要破除五大迷思：领导需要天赋，领导需要职务，领导需要优势，领导独当一面，领导与生俱来。然后坚信和践行五个原则：相信自己，追求卓越，挑战自我，寻求支持，刻意实践。如此，就可以加速提升你的领导力。

第一，相信自己。

消除领导力的神秘感和错误的迷思，相信自己具有领导潜质，这一点对于发展自己的领导技巧和能力至关重要。如果你不相信这一点，你就很难真正为之付出努力，更不用说长时间坚持不懈，努力成为更优秀的领导者。没有人可以赋予你领导力，除了你自己由内而外地发展自己的领导力。

最好的领导者是最好的学习者。他们拥有成长型思维。他们相信终身学习——在整个人生中都能够学习和发展自己，任何时候都不晚。持续学习是卓越领导者的一种生活方式，成为更好的领导者是永无止境的过程。学习的方式可以是反思、阅读、观察他人、接受教练辅导、参加培训，或者尝试新的技能或技术。不管你的学习风格是什么，重要的是每天都要学习。真诚领导力是由内而外的展现，你必须释放你已经具备的能力，而这一旅程始于向内探索你是谁。

中国人熟悉的一个口号"王侯将相宁有种乎"是在 2000 多年前的秦朝末年由起义军领袖陈胜、吴广喊出来的，这句话激励了中国历史上众多的仁人志士，他们挺身而出，超越自己的平凡地位，创造伟业，改变历史。

2020年8月，小米创始人雷军在演讲中说："十年前，我和一群小伙伴创办了小米。当时……中国市场主要被国际巨头把持，产品贵得离谱……作为一位手机发烧友，同时，作为一个创业者，我有点不服气。虽然我从来没有做过手机，但我们有了这样的梦想——做全球最好的手机，只卖一半的价钱，让每个人都能买得起。"

因为相信，所以看见。相信自己，相信自己的领导潜质，相信领导力可以习得，这是学习领导力的前提，如果自己都不相信自己，怎么能让他人相信我呢？

如何增强自信呢？一个简单的方法，就是每天早上对着镜子告诉自己："我、我做的事、我做事的方式都很重要，都会对他人产生重要影响"，然后问自己："今天我会做哪三件有重要影响的事呢？"把答案写下来，放在你的电脑旁边，或者手机上方便看到的地方，时刻提醒自己。最后，告诉自己："我可以做到！我一定可以做得到！"每当做到的时候，给自己点赞、鼓掌、奖励，坚持100天，你的自信心会有显著的增强。此外，注意你最在意的人给你的正面反馈，它们会极大地增强你的自信。

第二，追求卓越。

要成为你所能成为的最好的领导者，你必须清楚你的决策与行动的核心价值观和信念是什么，你必须清楚你最在乎什么以及它为什么重要。人们期望领导者是有前瞻性的，你必须能够想象未来会是怎样的，才能带领他人一起向前。一个好的方法是，憧憬你想要成为的那个领导者的样子，这个理想的形象会激发让你前进的情绪能量。

领导力不仅仅关乎你和你想要实现的价值观和愿景，更关乎帮助他人实现他们的价值观和愿景。卓越的领导者和他们的追随者都服务于更大的使命——一个超越自身的使命。你作为领导者的成功必然与你帮助他人获得的成功密不可分。

正如在第 1 节中克拉克院长的故事所阐述的，他从小就有比较清晰的使命、愿景和价值观，并且言行一致、长期坚持，最终成为一位杰出的学者和领导者。

你可以做一个自我训练：想象 10 年之后，你获得了受人尊敬的"年度最佳领导者"称号。同事、家人、朋友纷纷向你祝贺，并感谢你为他们的生命带来的改变。你希望他们对你说什么？你希望人们记住你什么？请记下你的 **"LIFE"** 想法：

- 经验（Lesson）：你希望人们说，你传承了什么重要的经验吗？例如，"他教会我如何从容、坚定地面对逆境"。

- 理想（Ideals）：你希望人们说，你坚持了什么理想（价值观、原则和道德标准）吗？例如，"他很有爱心，有服务他人的自觉"。

- 感受（Feelings）：你希望人们说，他们和你在一起，以及想到你时，会有怎样的感受吗？例如，"他总是让我感到，我能够做成那些我自己都认为不可能做成的事"。

- 表达（Expressions）：你希望人们说，你留给了他们什么永久的名言或贡献吗？例如，"他总是说'穷且益坚，不坠青云之志'""他培养了数以千计的优秀学生，其中有人获得了诺贝尔奖"。

第三，挑战自我。

挑战是领导力的训练场。要成为一名领导者，做最好的自己，你必须走出自己的舒适区，必须通过新的经历来锤炼自己，通过犯一些错误，沿着学习曲线不断向上攀登。你必须保持好奇，主动尝试新事物，试验新想法和做事的新方式。当你这样做时，你不可避免地会犯错和遭遇失败。关键是在经历中学习、成长。要学会更好地领导，你必须坚韧不拔，面对困难时，必须坚持不懈。要把领导旅程当成一场马拉松，而不是一个冲刺。在成长的过程中，每个人都会遭遇挫折，不要让它改变你的方向或阻止你前进的步伐。踏着困难前进，增强你的复原力。

学习也需要勇气。当你挑战自己，你可能会做一些让你胆怯的事，会有恐惧感和不确定感，你要鼓励自己，要做出如何选择目标、如何前进、如何找到意义和目的的决定。

你可以给自己设定今年报考清华大学 MBA、工作业绩翻一番、每周阅读一本书、每周跑步 20 公里等挑战目标，不断激发自己的斗志、开发自己的身心潜能。

第四，寻求支持。

你不能仅靠自己成为最好的领导者。各行各业的成功人士都善于寻求他人的支持、建议和忠告。他们能够获得巨大成功与寻求支持是分不开的。

在学习成为卓越领导者的过程中，你需要积极主动地与他人建立联系。这种联系应该是个人化的，而不只是交易性的。这种联系会为你打开一扇扇大门，给你近距离观察卓越领导者行动和行为的机会。

要知道你的行动和行为对他人的影响，离不开他们给你的反馈。要获得开放、坦诚的反馈，需要有相互信任的基础。你必须首先迈出一步，创造一种彼此相互信任的氛围，让大家能够提供有效、有用的反馈来帮助你成长。

2015年，Facebook的首席运营官谢丽尔·桑德伯格在清华经管学院毕业典礼的演讲中说："在Facebook，我知道决定我工作绩效最重要的因素是我与扎克伯格的关系。当我刚加入Facebook时，我就让他做出承诺，每星期都要给我工作反馈，这样任何困扰他的事情都可以尽快得到讨论。他不但爽快地答应了，并且立即说他希望我也能给他反馈。在最初的几年中，我们都坚持这一惯例，每周五下午见面谈论我们所关心的事情，事无巨细。几年下来，分享真实的意见已经成为我们关系当中很自然的一部分，我们现在随时会这么做，而不必再等到周五了。"

你可以每周，或者每个月，找你的上司、导师、教练或者朋友，寻求他们对你的反馈，每次30～60分钟，听听他们对你的领导力优劣势、工作方式、工作业绩的看法，尤其是对存在的问题的看法。然后，从中选择1～2项重要的点作为改进的目标。坚持6～12个月，你的领导力就会有显著的改善。

第五，刻意实践。

不经过长期刻意的练习，你不可能拥有出色的领导力（"出色"意味着精通和深厚的积淀）。而且，除非你按照一定的科学规律坚持练习，否则，你的有效练习时间不会很多。了解你的优势，并在此基础上持续发展是重要的，而认识到自己哪些方面薄弱并采取行动也很重要。

环境对一个人的成长和发展影响巨大。信任和尊重的环境至关重要，学习的机会、对冒险的支持、你可以学习的领导榜样也都很重要。不管你已经攀登过多少座高峰，提升自己都需要一步一个脚印——每次反思一点点，每次解决一个问题，每次掌握一项技巧。你必须每天坚持学习新东西，养成每天反思和评估自己进步的习惯。

请列出你未来三个月想要提升的1～2项领导技能，例如：口头表达、倾听、战略思考、教练辅导等。如果你选择了"口头表达"这一项，那么，请每天在与人沟通的时候，注意自己的表达方式、观点、逻辑、措辞、语音语调和肢体语言等，看看它们是否有效传达了你的意图，达成了你的目的。此外，可以每天晚上睡觉前花五分钟回顾一下，你当天在表达方面做得好的三点是什么，可以改善的三点是什么。

坚持实践上述五个原则6～12个月，相信你会发现自己正变得更自信、更自律、更自强，正在成为一位有卓越影响力的、高效的领导者。

03 机会之窗
领导力跃迁的四个关键时期

"机会之窗"这个概念来自创业领域，是指创业机会有一个时间窗口，一旦错过这个黄金时段，机会之窗就关闭了。例如，过去20年是互联网创业的机会之窗，未来10年是人工智能创业的机会之窗。创业机会是一浪又一浪的，有产业发展的周期规律。创业者如果能够尽早预见一个新技术、新产业的兴起，勇敢地进入风口、乘势而上，就可以大大提升成功的概率。

同样，一个人的领导力培养也存在机会之窗。2013年4月，《领导力》作者巴里·波斯纳教授来北京举办"领导力教练"工作坊，一位学员询问他："领导者是天生的还是培养出来的？"他说："所有的领导者都是天生的，但卓越的领导者是培养出来的。"库泽斯和波斯纳通过30多年的持续研究发现：从根本上说，领导力是一种技能，如同唱歌的技巧——人人都能够唱歌，但只有经过严格且长期的训练，才能成为优秀的歌唱家。

我问他："领导力开发是否有最佳年龄和最佳方法？"

波斯纳教授说："Young is possible! 领导力开发越早越好，就像学习语言，最佳年龄是几岁呢？领导不等同于职务，领导是一种态度、一种技能和一组习惯行为。青少年领导力开发的关键是营造环境，让他们去承担责任、诚实守信、尊重他人、团队协作、追求卓越。"

那么，如何找到领导力跃迁的机会之窗呢？研究表明，职业发展中有四个领导力跃迁的关键时期。

一是在学生时期担任干部或项目负责人。青少年可塑性最强，无职无权却要使众人行，所以学生时期是培养领导力的黄金时期，是一个人形成自己的人生使命、愿景、价值观和行为习惯的关键阶段。

有一次，在清华本科生的领导力课堂上，一位同学讲道，他们班长做出了一个决定，让全班同学早晨6点半去操场锻炼，但不少同学对此有异议，结果出操的同学连一半都不到。这件事情就对这个班长提出了领导力挑战。如何让全班同学心甘情愿、协同行动，是这个班长面临的重大挑战。

作为班干部或者社团干部，学生实际上没有任何实权，在策划一场活动的时候，面临没有硬权力、缺乏活动资源等现实的挑战，他们只能靠自己的服务精神、辛勤努力和聪明智慧，也就是非职权影响力，来赢得同学们的信任和支持，否则很难组织成功的活动。也正因为如此，这些挑战会加速他们在自信、品格、胸怀、谋略、意志和行动力上的全面锻炼。

二是角色转型或职务升迁时期。 你从骨干员工晋升到经理的第一个100天，以及之后的每一次晋升、每一次岗位轮换，都是一个走出舒适区、承担更大职责和更重任务的时期，也都是实现领导力跃迁的大好机会。《领导梯队》一书专门阐述了从员工到CEO的六次领导力转型，每一次当事人都要在工作理念、领导技能和时间管理三个方面进行转型，才能够快速胜任新岗位，实现领导力的跃迁。

三是"熔炉时期"，也就是经历人生重大挑战、挫折，甚至**失败的时期**。2001年，任正非在《我的父亲母亲》一文中深情地说道："我们兄妹七个，加上父母共九人，全靠父母微薄的工资来生活……我高三快高考时，有时在家复习功课，实在饿得受不了了，用米糠和菜和一下，烙着吃，被爸爸碰上几次，他心疼了。其实那时我家穷得连一个可上锁的柜子都没有，粮食是用瓦缸装着的，我也不敢去随便抓一把，否则有一两个弟妹活不到今天。（我的不自私也是从父母身上学到的，华为今天这么成功，与我不自私有一点关系。）后三个月，妈妈经常早上塞给我一个小小的玉米饼，要我安心复习功课，我能考上大学，小玉米饼功劳巨大……这个小小的玉米饼，是从父母与弟妹的口中抠出来的，我无以报答他们。"

四是脱产学习或念 MBA 的时期，这是领导力突破的重要机会。1997 年我到清华念 MBA，3 年时间里我系统学习了工商管理知识，并有机会听到比尔·盖茨等卓越企业家的演讲，大大拓宽了我的视野，让我后来走上之前从未想过的创业之路。在过去 10 多年，我在清华经管学院从事高管培训、担任 MBA 领导力开发授课教师和 AMP 导师的过程中，亲眼看到脱产培训和 MBA 教育帮助数以万计的领导者实现了领导力的全方位突破，帮助他们成为更好的自己，成为更好的领导者，成就更卓越的企业。

04 成长型思维
埃隆·马斯克的领导力密码

成长型思维（Growth Mindset），是斯坦福大学著名心理学教授卡罗尔·德韦克提出来的，被公认为近几十年里最有影响的心理学研究成果之一。比尔·盖茨为德韦克教授《终身成长》一书撰写的推荐语是:"透过睿智的研究和精心的写作,德韦克教授揭示了我们对于自己能力的信念是如何深刻地影响了我们的学习过程和人生道路的选择。"微软现任 CEO 萨提亚·纳德拉在他的新书《刷新》中也讲到,成长型思维是微软企业文化再造的核心理论,是帮助微软实现重振和股票市值重返全球第一的秘密武器。

那么,什么是成长型思维呢?我们首先来看一个小故事:

2008 年,有一位美国企业家,他的两家企业同时面临破产。其中一家被迫裁掉了 1/3 的员工,并关闭了研发中心。他的 CFO 告诉他,账面上的钱只能维持三天。律师也拟好了宣布破产的法律文件,只等他签字。祸不单行,他的婚姻也走到了尽头,他被迫卖掉房子和车,住进朋友家。这无疑是人生中的至暗时刻。但他并没有放弃,他把剩下的钱全部押上去,他说:"我还是要试一试,如果失败的话,我能够学到一些东西,并将失败经验运用到下一个项目当中。"

人们常说,当你努力到无能为力,上天就会为你打开一扇窗。就在那一年圣诞节前夜,一个神秘的电话打了过来,美国宇航局给了他一个 16 亿美元的大订单,他的公司终于活了过来。而这个在绝境当中永不放弃的人,就是特斯拉公司和 SpaceX 公司的创始人埃隆·马斯克。

马斯克的思维方式就是典型的成长型思维,就是用积极乐观的态度去面对各种问题、挑战和失败的思维,不惧风险、不惧失败。马斯克的故事告诉我们，拥有成长型思维的人面对挑战从不轻言放弃，他们更能从过程中享受乐趣，更容易寻求帮助，复原力更强，也更乐观和坚毅。他们更在意自己从一件事中是否真正学到了东西，是否在做一件有意义的事情，而不仅仅是赚钱和获胜。

美团点评 CEO 王兴 2017 年 9 月回母校清华大学演讲时讲到自己创业初期的故事："我记得印象非常深刻，在 2010 年、2011 年的时候，有一天晚上我们开会开得非常晚，大家讨论了很多内容，最后需要整理一个会议纪要。我问助理：'你会用 Visio 工具吗？'她说：'不会，但是我可以学。''不会，但是我可以学'，这句话有无穷的力量，可以把各种你没有遇到的问题、不会解决的问题，通过学习来解决。我相信学习正是清华所有同学最大的优点。"这个信念，后来成为美团点评文化的重要组成部分，激发美团人勇往直前、不会就学、快速迭代，这就是典型的成长型思维，对于创业者来说是一个基础性思维。

在指数级创新和变化的今天，要想获得成功和幸福，培养成长型思维至关重要。首先，一个人的成长过程就是不断面对"第一次"的过程。"第一次"意味着不确定、风险、挑战和失败，如果我们害怕风险和失败，我们就难以尝试新事物，难以突破自己。比如，第一次游泳、第一次骑自行车、第一次谈恋爱、第一次选专业、第一次找工作、第一次当经理、第一次为人父母……所有这些"第一次"，都伴随着一句话：我不会，有风险。面对我不会和有风险，有两种不同的思维方式，一种认为能力是固定的，失败是难堪的，总是在想方设法回避不会的事情，这种思维方式叫"固定型思维"（Fixed Mindset）；另一种相信一切极有可能，勇于尝试，直面失败，在失败中学习成长，这种思维方式叫"成长型思维"。

那么，如何培养成长型思维？尤其是，如果你现在被固定型思维主导，要怎么改变自己的思维方式呢？德韦克教授在《终身成长》中给出了四个步骤，帮助你转变自己的思维方式，培养成长型思维。

第一步，接纳自己的思维方式。

首先要认识到，一个人可以同时拥有固定型思维和成长型思维。实际上，我们每个人都会同时拥有这两种思维方式，我们的思维方式在不同场景下是不断切换的。只是在某些场景下固定型思维占主导，在某些场景下成长型思维占主导。这与一个人的风险偏好有密切的关系。

第二步，观察自己的思维方式。

要注意是什么激发了你的固定型思维。比如，当你面对一个巨大的新挑战时，固定型思维可能会跳出来对你说："我不擅长做这件事，会失败的。"并阻碍你去尝试迎接挑战。或者，当你在工作中碰到一个新的困难任务时，固定型思维模式会跳出来说："算了吧，还是做点简单、容易的事情吧。"

第三步，给自己的固定型思维取一个名字。

提醒你自己不要成为这样的人。例如，契诃夫的小说《装在套子里的人》中的主要角色别里科夫，是一个海鸟与企鹅式的、害怕变革、苟且偷安甚至甘心充当沙皇鹰犬的知识分子。他胆小怕事，却又爱管闲事，为人保守顽固，对社会变革极度恐惧，总是穿着一身大衣将全身包裹起来，所以被称为"套中人"。他的口头禅是"千万别闹出乱子来"。

第四步，改变固定型思维。

你现在找到了触发固定型思维的诱因，了解了固定型思维人格，以及它会对你造成什么影响，并且给它取了一个名字，接下来，就是要改变这种思维方式。时刻要警惕它的出现，它的出现会阻碍你对新事物的尝试和冒险。当你意识到自己陷入某种特定的"固定型思维人格"中时，把它识别出来，远离它，成为一个成长型思维主导的新自己。

通过经常实践以上四个步骤的练习，你就可以慢慢转变为成长型思维主导的人，成为今天创新创业大时代的弄潮儿。

05 行胜于言
清华百年校风的领导力启示

提到"行胜于言"，很多人会想到清华大学二校门后面大草坪前的日晷，上面刻着四个字"行胜于言"。"行胜于言"的意思不是不言，而是不空谈，要实干。这是清华大学的百年校风，与"自强不息，厚德载物"的校训、"严谨、勤奋、求实、创新"的优良学风一起，构成了清华精神的核心部分，源源不断地培育出一批又一批的"学术大师、兴业英才、治国栋梁"。你可能会问,"行胜于言"与领导力有什么关系呢?

我们来看两个故事。

第一个故事出自《朱镕基讲话实录》第一卷中的一篇讲话《清华的精神是追求完美》。这是清华大学1951届校友、时任国务院总理和清华经管学院院长朱镕基2001年在清华大学的一段讲话,他在回顾自己的清华学习时光时说:

> 昨天晚上,我没有睡好觉,一直在想应该讲些什么内容。我在九年前为祝贺清华大学电机系成立60周年写过一篇文章,叫作《为学与为人》,是当时同学们让我写的。这篇文章写的是章名涛先生。我在清华念书时,他是电机系主任,他在1950年的一次集会上,讲为学与为人这个问题。我就用这个题目写了一篇纪念文章。章名涛先生已经过世多年了。他说,为学与为人,为人比为学重要。为学再好,为人不好,也可能成为害群之马;为人,就是要做一个有骨气的中国人。我始终记得"要做一个有骨气的中国人"这句话。清华并不是一个只注意为学的地方,它确实是在教育我们怎么做人。
>
> 我回忆自己在清华的成长,清华教我育我并不只是为学,还在于教育我怎么做人。清华有非常好的传统,民主的传统、科学的传统、革命的传统。我记得从湖南来清华的时候,碰到许多很新的东西。当时,我最崇拜闻一多先生、朱自清先生。我虽然学的是电机,但是我最喜欢听朱自清先生的讲话。我现在还很生动地记得他

在同方部一个集会上的讲话,他会写文章,不善于言辞,但他讲话很诚恳、很感动人,我敬佩他的为人。我也敬佩吴晗先生、张奚若先生。我记得北京解放以前我们最喜欢到张奚若先生家里去,很多同学坐在地上,听张先生纵论天下形势,大骂国民党反动派,痛快之至。当时,我就在进步同学的影响下参加一些学生运动,做一些工作。特别是北京解放以后,我在清华当班会主席、当学生会主席。我印象最深的是,我的马克思主义的基本知识都是在那个时期学习的,看了很多书,打下了基本理论的基础。所以说,清华这个地方不是一个专门为学的地方,也是教你如何做人的地方。

从朱镕基总理的这段回忆当中,我们可以深切感受到清华大学对他"为学与为人"的巨大影响。

2018年年初,一部有关清华的电影上映了,叫《无问西东》。这部电影讲述了四个不同时代里一群同样出自清华大学的年轻人,他们满怀理想、勇敢前行,但他们也都在最好的年纪迎来了最残酷的抉择,最终他们都找到了最真实的自我。

其中一个故事戳中了很多人的泪点,也让我的眼泪唰地流了下来。沈光耀,生于广东的一个官宦世家,是家中的独苗。在西南联大念书的时候,眼见日本侵略军步步紧逼,国破家亡,他想要去参军,却被闻讯赶来的母亲制止。按照家规,他双膝下跪,背诵家训。他和母亲的那场对话,让很多人潸然泪下。后来,当沈光耀看到日本飞机在昆明上空肆虐横行,听到飞行教官说"这个世界缺的不是完美的人,而是从心底给出的真心、正义、无畏与同情"时,他勇敢地走出人群,上台接受测试,听从内心的召唤,毅然从军,最后驾驶飞机撞向日本军舰,壮烈牺牲。

沈光耀在关键时刻"牺牲"自我的勇气来自哪里?

当然,首先是中华民族的爱国传统和家庭教育。其次,电影当中的几位清华学子以及清华大学在100多年历史中培养出的十多万清华人身上共同拥有的鲜明的爱国精神,一定和清华大学"自强不息,厚德载物"的校训以及"行胜于言"的校风带来的潜移默化的熏陶密不可分。20多年来,我在清华深刻感受到了清华大学对每一位老师、每一名学生的巨大影响和深刻改变。环境塑造人,环境塑造领导力。

行胜于言,实干兴邦。那么,在各行各业的实际工作中,尤其是作为管理者,该如何有效地做到"行胜于言"呢?

人力资源大师、密歇根大学的戴维·尤里奇教授曾经写过一本书叫《结果导向的领导力》[⊖],他认为,一位好的领导者必须是结果导向的,他还提出了一个公式:

$$卓越领导力 = 领导特质 \times 结果$$

他让领导者对自己的领导特质和绩效结果进行评分,用1~10分进行评价。

按照尤里奇的理论,一位领导者如何才能够做到结果导向呢?他提出了四个步骤。

⊖ 本书中文版已由机械工业出版社出版。

第一，在追求结果方面投入大量时间。时间是你最重要的资源，时间投入量是衡量你是否真正重视工作的关键指标，也是达成结果的关键指标。你要明确界定自己要达成的几个主要业绩指标，例如，团队全年或者月度的收入指标、利润指标、增长率、用户数量、用户活跃度，或是与竞争对手、同行标杆对比的关键指标等，并花时间确保团队成员都能理解和执行。你可以每天早晨召开例会，花足够的时间来持续沟通和跟进，确保进度在按计划推进。

第二，对结果充满激情和信心。领导者是团队的行为榜样，必须以身作则、率先垂范，让团队成员看到你对达成绩效目标充满信心。你必须竭尽全力，即使遇到困难和挫折，也绝不放弃，充分激发和带动全体成员全力以赴（All in）。例如，美团点评强调"三快"，第一个"快"就是要"快速"（Fast），也就是要立刻行动、全力以赴，言必信，行必果。

第三，真正全方位关注结果。领导者必须管理大家的注意力，集中大家的注意力。在每一次会议和活动中强调结果，在公司办公场所的所有显眼位置强调结果，要让团队成员真实地感受到公司是聚焦于目标和结果的。每个月以 KPI 或者 OKR 考核进行奖惩，可以采用量化的具体目标、措施和进度表等。

第四，提出以结果为导向的问题。通过提问来让员工的注意力聚焦于目标和行动。例如，询问下属：你这个月的具体目标是什么？你的目标达成对团队目标的达成有什么影响？你如何达成你的目标？你有什么困难？什么事情会阻碍你达成自己的目标？

你有什么创造性解决方案来确保目标达成？

我们在本书前勒口列出的"每天清晨教练5问"就是一种自我教练、聚焦结果的有效方法，也可以用提问下属和教练对象。通过这几个简单的、激光一般的问题，让对方聚焦结果、厘清思路、用好资源，又快又好地采取行动去实现目标。

坚持按照以上四个步骤进行有效组织，你的结果导向的领导力将显著提升。

结语

成为更好的自己既是每个人成长的内在追求，也是组织的殷切期待。成长带来成功，成功激发成长。卓越的成长需要正确的方向、原则和恰当的方法指引，而且越早越好。本章我们一起探讨了记住你是谁、修炼领导力、机会之窗、成长型思维和行胜于言五个方面，得到的重要启示是：

- 记住你是谁。克拉克院长的成长故事启发我们要趁早驻足思考自己的人生使命、愿景和价值观，找到人生的方向。德鲁克的五个问题帮助我们找到自己的职业定位，规划美好的人生蓝图。
- 修炼领导力的五个原则坚定了我们提升领导力的信心，指导我们每天践行"相信自己、追求卓越、挑战自我、寻求支持、刻意实践"。
- 机会之窗告诉我们既要珍惜每一天的刻意练习，更要抓住担任干部、第一次职务晋升、第一次遭遇重大挫败、参加专业领导力培训四类关键时期带来的领导力跃迁机遇。

- 成长型思维是VUCA世界的导航仪,每天运用德韦克教授在《终身成长》中提出的四个步骤训练和强化自己的成长型思维,让成长型思维成为主导思维,用"一切皆有可能""挑战才是人生""失败是成功之母""我不会,但我可以学"等名言激励自己勇于尝试,成为创新创业和变革进取时代的先锋。
- 清华"行胜于言"的校风、"自强不息,厚德载物"的校训和"严谨、勤奋、求实、创新"的优良学风构成清华精神的核心,培育出一代又一代注重实干的优秀人才。尤里奇教授提出的"结果导向的领导力"四个步骤,可以帮助你更高效地产出。

我在大一、大二的时候除了上课之外看了很多各种各样的书，传记占很大一部分。阅读最主要的是对你的兴趣、审美有塑造。看了传记之后，我自己在后来的择业，对我的职业规划更有耐心。你看到很多很伟大的人，年轻时的生活也是差不多的，也由点滴的事情构成，大家都是平凡人。你要有耐心，持续在一个领域深入，就会取得对应的成绩。

——张一鸣，字节跳动创始人、CEO

第二部分

领导自我

领导自我是领导力开发的起点和中心，是一生的功课。自知、自信、自强、自立、自成，随时随地在检验着我们的领导力本色。

哈佛商学院教授比尔·乔治在《真北》一书中写道："在真诚领导者成长和发展的过程中，他们对自己的人生经历总是充满了特殊的感情。你的人生经历就是你的基石，它塑造了你作为人看待这个世界的态度。在培养领导力的过程中，你的人生经历可能推动你前进，也可能成为你迈进下一步的阻碍。培养个人领导力需要注意五个领域：自我意识、价值观和领导原则、动力、支持团队以及完整的生活。你需要不时地更新指针，并通过不断学习调整自己的方向。当指针的每一个部件都运转良好的时候，它就会直指你的真北。"

第 2 章

认识自我（一）

导言

认识你自己。

——古希腊德尔菲神庙箴言，公元前 9 世纪

知人者智，自知者明。胜人者有力，自胜者强。知足者富，强行者有志，不失其所者久，死而不亡者寿。

——老子《道德经》第三十三章

沃伦·本尼斯在《成为领导者》一书中专门用一章来论述"认识自我"，他说："认识自我意味着要把'你是什么样的人？你想成为什么样的人？'与'他人认为你是什么样的人？他人希望你成为什么样的人'区分开来。除了你自己，没有人能够教会你怎样成为你自己、怎样负起责任、怎样表现自己。"

本章的 5 个小节，我们将从 4-D 天性测评、领导特质、情商管理、优势理论和时间管理五个方面来更好地认识自我、开发自我。

06　4-D 天性测评
性格真的决定命运吗

人们常说"性格决定命运""江山易改，禀性难移"。性格是

什么？性格对一个人的命运到底有怎样的影响？这是一个非常重要也非常复杂的问题。在《三国演义》中，诸葛亮认为智勇双全、心高气傲的魏延脑后长有"反骨"。临终前，诸葛亮给杨仪、马岱留下了一个锦囊，一旦魏延造反，就让马岱除去魏延。这即是众多性格决定命运的故事之一。

我们来看一个西方的寓言故事：

> 有一只蝎子想过河，但是它不会游泳，这时他看到一只青蛙游了过来，蝎子便叫住了青蛙说："嘿，青蛙先生，请把我捎过河吧。"青蛙说："不行，你可能会蜇我，到时候，咱俩都会淹死。"蝎子说："我怎么会蜇你呢，那样，我也会淹死的。"善良的青蛙经不住蝎子的再三哀求，终于答应了。游到河中央时，青蛙突然感觉背上被蜇了一下，它知道完了，哀怨地回头问蝎子："天哪，你为什么要蜇我呢？"蝎子说："我实在忍不住了。"于是它们双双沉到河里淹死了。

这个故事告诉我们，在蝎子的身体中似乎有一种预先编好的程序，会自动发挥作用。4-D系统创始人、NASA原天体物理学部主任查理·佩勒林博士在解读这个故事的时候说："从某种意义上讲，天性就像一种大脑中预设的程序，它决定了我们获取信息和做出决策的倾向性。"

2010年以来，我学习和运用查理·佩勒林博士开发的"4-D卓越团队"课程帮助了很多的企业和团队，其中的"4-D天性测评"工具非常简洁准确、有趣实用。我曾面对面为超过200个班共1万多人做了天性测评,并让他们分组讨论和展示,结果大大颠覆了我之前对于"性格决定命运"的很多质疑,让我直观感受到4-D天性测评的科学性、穿透力和预见力,我见证了测评结果让很多人醍醐灌顶,改善了很多家庭、团队的合作关系,改变了很多人的职业选择。

那么"4-D天性"是什么呢?D在英文中是Dimension,即"维度"的意思,4-D天性基于一个坐标系的四个象限,每个象限代表一种天性,用一种颜色表示,**绿色代表亲和、黄色代表包容、蓝色代表创新、橙色代表执行**。另外一种性格测评工具PDP的结果是用动物来表示的,那么为什么美国宇航局不用动物,而用颜色呢?佩勒林博士说,颜色不会给人贴标签,而动物容易给人贴标签,让人感到不舒服。

4-D天性测评源自卡尔·荣格的性格发展理论,荣格假设我们的性格是建立在两种基本功能上的,即如何获取信息和如何做决策。找到自己的天性,就能发现自己的天生优势,同时理解其他天性的偏好特点。

我们熟知的MBTI、DISC、PDP、九型人格等,都源自荣格的基本理论。4-D和其他测评最大的不同在于,它测评的是人的天性,而不是一个成年人今天的性格。而其他测评工具主要用于测评一个成年人今天的行为风格。当然,这两者有关系,一个成年人,如果他从小到大总体上没有受到压抑,他的天性和今天的性格就是基本一致的。荣格提出的两个基本功能,第一个功能有关信息获取的倾向。一种人凭直觉获取信息，也就是通过经验和想象获取信息；而另一种人凭感知获取信息，就是通过我们的五感获取信息，他必须眼见为实他才相信。第二个功能有关做决策的倾向，一种人做决策倾向于遵循情感、喜好，另一种人倾向于用逻辑、理性。

天性是我们的性格底色，是一种潜意识，对于我们的决策风格、人际沟通合作和职业选择等都有重大影响。我们很多人在工作中不快乐、容易发生冲突，一个重要的原因是天性与工作要求不匹配，个人天性与领导的天性或者与下属的天性产生了冲突。了解四种基本天性，可以很好地认识自己与他人在获取信息和做决策时的倾向性，更好地相互理解、扬长避短、求同存异。⊖

07 领导特质
高颜值更容易赢得他人的信任和追随吗

当领导需要某些特质吗？电影电视中的领导者似乎都有某些与众不同的形象特质，例如，聪明、帅气、魁梧、胆大、口才好等。但当你环顾身边的同学、同事和朋友，你会发现，拥有这些特质的人也未必能做领导，没有这些特质的人未必不能做领导。那么，作为一个领导，到底什么是能够赢得下属的信任和支持的关键特质呢？今天，很多人在选朋友、选领导的时候喜欢看颜

⊖ 想了解自己 4-D 天性的读者，可以关注微信公众号"智学明德"，即可进行 4-D 天性测试。

值,那么问题来了:"高富帅"的人就更能够赢得他人的信任和追随吗?

我们首先来看一个故事:

> 有一位著名的将军,他的身高只有一米六几。有一次,他正在训话,有一个一米八几的将领在小声地嘀咕着。看着这位比自己高出一头的大个子,这位将军很霸气地对他说:"听着,虽然你我身高有一个脑袋的差距,但如果你不听从命令,我可以立即消除这个差距!"他最终通过自己坚强的意志、绝世的军事才华和政治领导力加冕称帝。他就是法兰西第一帝国皇帝拿破仑,那个时代欧洲最伟大的军事家和政治家。

拿破仑的成功当然不是靠颜值,实际上,他的起点并不高,10岁才回到法国本土念书。作为一个从偏远的殖民地科西嘉岛回来的"外来者",他身材矮小,也谈不上英俊,还经常遭受同学的欺辱。但他十分坚韧和顽强,非常勤奋好学,最终通过自己的不懈努力,赢得了同学们的尊重。

过去100多年的大量专业研究已经证明,外貌、长相和领导力没有什么必然的关系,那么,到底具备什么特质的人更能赢得他人的信任和追随呢?

著名的领导力学者巴斯(Bass)和斯托格迪尔(Stogdill)在《领导力手册》(*Handbook of Leadership*)这本书当中,提出了一个领导特质的框架(这和MBA面试有不少类似的地方),这才是决定一个领导者能否赢得他人信任和追随的关键。这个框架包含六个方面，可以帮你判断自己已经具备哪些领导特质，以及哪方面需要提升：

第一是**个人状态**，包括精神饱满、富有活力、精力充沛三个方面。例如，特斯拉的创始人马斯克说，他每周至少工作80～100小时，只有这样才能提高成功的概率。如果别人每周工作40小时，而你工作100小时，即便你们在做同样的工作，你也已经快人一步。成功的领导者总是给人精神饱满、活力四射的感受，因为他要领先一步、以身作则、激发他人。

第二是**才智和能力**，也就是聪明、有认知力、有知识、有判断力和决策力。领导者的重要工作是决策，他们每天都需要做出各种判断和决策。例如，美团点评CEO王兴被业界和媒体评价为互联网行业最具前瞻性的企业家之一。他2003年回国创立校内网、饭否、美团等公司，每一次都看准了机会、踩对了点，他的商业敏感度和判断力是极强的，这是一位CEO最重要的能力。

第三是**个性特征**，包括乐观、自信、诚实、正直、热情、个人魅力、独立性、喜欢做领导等。个性特征是自知自信的重要体现，是在沟通合作中赢得他人喜欢的人格特质。这和第6节讲到的4-D天性测评有关，我曾经给1万名管理者做过测评，很多管理者都具备这些优秀的个性特征，尤其是CEO，他们的岗位也要求他们培养出这些重要的个人品质，才能够赢得他人的信任和支持。

第四是**社会特征**，包括人际交往能力、合作精神、寻求合作的能力、机智灵活的交际手段。领导是一种领导者和追随者之间的互动关系，一名技术骨干或者销售冠军要转型为管理者，首先需要提升的就是带团队的能力，他要愿意花大量的时间与人沟通、培养人才、促进相互的了解和信任，在人与人之间建立起共识、共鸣、共振，这是一个人走向成熟的重要标志。

第五是**与工作相关的特征**，包括事业的内驱力、追求卓越的愿望、完成目标的责任感、面对困难时坚韧不拔的职业精神等。这是在实现事业目标过程中对心力的修炼，例如，很多创业者融资的时候就会告诉投资人，自己的公司有一个雄心勃勃的计划，要在 3～5 年内上市，展现出极强的自信和抱负。

第六是**社会背景**，包括教育背景和流动性背景。也就是是否接受过正规、系统的教育，是否有在海外和不同地点工作、生活的丰富经历。清华 MBA 在选拔人才的时候，有一项就是要考察海外工作和生活经历，这些背景对于你承担一个部门的管理工作以及跨地区管理工作非常重要。

以上六类特质都与颜值无关。真正赢得他人信任和追随的不是你的颜值，而是你的气质和品质，"腹有诗书气自华"。

字节跳动创始人、CEO 张一鸣在"2016 今日头条 Bootcamp"上曾对研发与产品部门的应届毕业生发表了题目为"Stay hungry, Stay young"的演讲。在演讲中，张一鸣说自己作为面试官，在过去 10 年里，可能面试过 2000 个年轻人，所接触到的优秀年轻人都具备五个特质：

- 有好奇心，能够主动学习新事物、新知识和新技能；
- 对不确定性保持乐观；
- 不甘平庸；
- 不傲娇，要能延迟满足；
- 对重要的事情有判断力。

这是一位成功创业家的视角，很值得参考。

08 情商管理
五招教你拥有奥巴马的高情商

人们常说，智商决定一个人是否被录用，情商决定一个人是否被提拔。实际上，领导者的情商，即他们的自我认知、同理心、人际关系等与个人业绩有着显著的联系。领导者的情绪会通过神经系统影响他人的情绪和行为，这被称为情绪感染，它与"你对世界微笑，世界也会对你微笑"的原理相似。

耶鲁大学管理学院的西加尔·巴萨德在1999年进行的一项研究表明，快乐和热情在工作人群中最易传播，烦躁则难一些，沮丧情绪传播得最慢。毫无疑问，笑声是所有情绪中最具感染力的，我们听到笑声后都会跟着大笑或微笑，这是因为我们的大脑里有一些开环回路专门用于探测笑容和笑声，并让我们做出回应。科学家推断，这在很久以前就是我们大脑的"硬件配置"，因为微笑和大笑是与他人结盟的一种表达方式，有助于物种生存。

第 2 章
认识自我（一）

悲观抱怨的领导者让人压抑、恐惧、愤怒，乐观积极的领导者让人快乐、安全、投入。那情商的本质是什么？有什么简单、有效的方法来提升情商呢？

我们先来看一个故事。有一次，美国总统奥巴马在白宫迎接到访的法国总统奥朗德，并以国宴热情款待。由于之前有报道说美国和法国亲近，冷落了盟友英国，于是法国的一名记者就故意抛给奥巴马一个刁钻的问题："美国最好的朋友是法国还是英国？"面对这个两难抉择，奥巴马巧妙地回答说："我有两个女儿玛利亚和萨沙，她们都非常漂亮和优秀。我从未想过在她们两人之间做出取舍。这就是我对欧洲杰出伙伴们的感受，它们都有非常优秀的地方。"此言一出，便赢得了一片笑声和掌声。

奥巴马机智幽默地应对挑战启示我们，幽默能够加速积极情绪的传递，有时候能够达到出其不意的绝妙效果。领导者需要情绪领导力，它不是天天笑容满面，而是你能理解自己对他人的影响，在挑战和压力面前相应地调整自己的风格，从容应对各种挑战。实际上，作为一名领导者，你经常要面对各种有挑战性的问题、危机甚至是失败，每天都像奥运会决赛中的击剑运动员，时刻处于高度的紧张和压力之中。如何从容应对挑战、妥善管理自己的情绪，这是一个领导者修炼的重点。

情商之父，《情商》一书的作者，哈佛大学的丹尼尔·戈尔曼博士认为，一个人的成功，只有 20% 来自智商，其余的 80% 都归结于其他因素。而在这 80% 的因素中，最关键的就是情商，也就是在压力下保持自己情绪的稳定、建立良好人际关系的能力。根据他的研究，情商由五个要素组成，它可以让优秀的领导者大大提高自己和下属的绩效。还有一项研究显示，情商高的领导管理的部门年利润普遍比预定目标高出 20% 以上。

丹尼尔·戈尔曼在《什么造就了领导者》一文中提出了情商的五个要素以及提升情商的方法，对我们很有借鉴意义。

第一是**自我认知**，就是要了解自己的优势、劣势、内驱力、价值观和对他人的影响。自我认知强的人，其典型行为特征是自信、实事求是的自我评价、善于自嘲。比如，当你面对一个两难的选择时，你知道你需要放下什么、选择什么。你知道如果一个演讲的准备时间太短，你就会表现不好，因此，你就会提前安排好时间，进行充分的准备，而不是仓促上阵。

第二是**自我调控**，就是对于自身破坏性的冲动和情绪，能够进行控制和转移。自我调控能力强的人，其典型行为特征是诚实、值得信赖、临危不乱、对变革持开放的态度。例如，有一次，通用电气的一位负责人在向 CEO 杰克·韦尔奇汇报工作，突然，投影机的灯泡坏了。要知道，韦尔奇的时间安排是非常紧凑的，现场的工作人员吓坏了，生怕老板生气。但这个时候，韦尔奇突然提出了这样一个问题："如果我们今天是在给最重要的客户公司的 CEO 介绍项目，发生这种情况，我们应该怎么办？"他的这个问题让大家从紧张和尴尬的状态中走了出来，转向一个积极的方向，把危机变为了一个难得的学习机会。在此我想强调一下"诚实"这个特征，它代表你可以真实地面对自己的情绪，不逃避、不伪装。

第三是**内驱力**，就是推动你超越自我期望和他人期望，执着追求更高成就的强烈愿望。内驱力强的人，其典型行为特征是追求卓越、精益求精、乐观坚韧。内驱力强的人会认为，工作就是最好的回报，真正激励他们的是工作本身，而不是一般的物质报酬。工作带给他们成就感和自豪感，他们总是瞄准更高的目标。

第四是**同理心，也称共情能力**，就是善解人意，能够体察他人的感受，进行换位思考。张一鸣认为："产品经理最重要的素质是同理心，好产品离不开产品直觉和感性认识。"同理心强的人，其典型行为特征是有利他精神、善于欣赏与感激、适度包容他人、激发他人。

在今天，很多团队都是"三代同堂"，甚至是"四代同堂"，也就是在团队当中有"60后""70后""80后"和"90后"。越年轻的人越有个性和主见，通过换位思考理解不同年龄段的内在需求，从微妙的言谈举止中去觉察他人的言外之意，找到大家的共同点，这样才能更好地凝聚共识、协同行动。同理心不同于同情心，同理心是身临其境、一起感受，是可以激发连接的；而同情心是冷眼旁观、评判感受，失去了连接。同理心在感受对方的感受的同时，仅仅认可对方意见的存在，并不是认可它的正确性。同理心不仅包含同理他人，也包含同理自己。你是否发觉有些时候，为了表现出友好，你会压抑自己的不愉快而说出一些愉悦对方的话语？当不能真实体验并表达自己的感受时，你也很难真正同理对方。同理心的修炼知易行难，根据我自己的学习体验，从倾听自己开始，是一个不错的努力方向。

第五是**社交技能**，也就是一种有目的的友善，与他人建立良好的关系，说服和推动他们朝着你希望的方向前进。社交能力强的人，其典型行为特征是说服力强、能有效领导变革、擅长领导团队。

09 优势理论
优势如何加速你的成功

我们都知道"木桶理论"，它指一只木桶盛水的多少是由最短的那一块板决定的，因此也被称为"短板效应"。过去，人们常常认为，一个人要想在职场上取得成功，必须首先补齐自己的短板。但近些年，全球最大的调研机构盖洛普的研究表明，一个人要在职场上取得成功，首先必须发挥自己的优势，故而提出了"优势理论"，并开发出相应的测评工具，受到了全球商业界的欢迎。这两者听起来似乎都有道理，那么，究竟怎样做才更容易取得成功呢？

我们来看一个案例，篮球明星姚明小的时候个子长得很快，提前一年进入小学，当时他的身高已经达到了1.47米。13岁的时候，他的身高达到了1.96米。那时候，姚明其实是喜欢读书的。那么，如果你是姚明，你将如何选择呢？

当然，大家都知道，他后来进入上海大鲨鱼青年队训练，18岁入选国家队，开始职业篮球生涯。22岁，他以状元秀的身份被

NBA 的休斯敦火箭队选中。他连续 6 个赛季入选 NBA 全明星阵容，退役之后经商也很成功，个人身价达到几十亿，成为中国最成功的篮球运动员之一。在 2017 年 2 月 23 日中国篮球协会召开的第九届全国代表大会上，姚明成为中国篮球协会新一任主席。

姚明之所以放弃喜欢的学习，选择打篮球作为职业，原因在于他有显著的身高优势，并且父母也是运动员。他从小就耳濡目染，对运动有天然的兴趣，他总是能够在篮球比赛中获得好成绩，后来在职业赛场持续取得的成功也证明，他的身高优势得到了充分的发挥。

《持续的幸福》作者、宾夕法尼亚大学的马丁·塞利格曼教授的研究也表明，成就和幸福的核心在于发挥自己的优势，而不是改善自己的弱点。但在现实职场中，盖洛普的调查研究显示，仅有 17% 的职场人士认为，他们在工作中实现了"人尽其能，才尽其用"。

那么，怎么样才能发现和发挥自己的优势呢？1998 年，优势心理学之父唐纳德·克利夫顿与汤姆·拉思以及盖洛普公司的科学家研发出一款科学的优势测量工具——优势识别器，发现人有 34 种天赋才能。他们认为，优势由一个人的天赋（Talent）、技能（Skill）和知识（Knowledge）三部分组成，发挥优势可以让一个人又好又快地完成任务，更容易持续和完美地取得成功。技能和知识可以很容易被教会，而天赋则不容易。例如，一位出租车司机，他的技能是能够又快又安全地把乘客送到目的地，他的专业知识是熟知驾驶操作流程和交通法规，他的天赋则是他的积极乐观、同理心、责任心、专注和谨慎。当他同时具备这三项时，他就有了优势，就能够成为一位优秀的出租车司机。

从管理角度来讲，要想把人管好，先要把人看好、把人用对。人是很难改变的，因此，在管理员工时，重在发挥他们的优势而不是克服他们的缺点。此外，给员工营造一个信任和宽松的氛围，充分发挥他们的优势，这就是管理员工的根本。要让每个员工产生"主人翁责任感"，也就是学术上的"敬业度"，让员工感觉到自己是公司的一分子，有一种归属感。

接下来，我们介绍四种方法，帮助你更好地发挥自己的优势。它们分别是专注优势、懂得放弃、教育深化和拓展优势。首先我们假定，你的一个优势是学习能力强，那么，你要如何用这四个方法来发挥自己的学习优势呢？

第一是**专注优势**，就是要搞清楚你的学习优势是怎样帮助你做好现有工作的。例如，你可以通过回答以下四个问题来理清思路：在工作中，你在什么时候、什么事情上会用到学习能力这个优势？这个优势的使用频率是多少？什么时候学习能力的优势对你的工作有帮助？对于自己的学习能力优势，你听到了其他人什么样的反馈，他们是否也认为这是你的优势？

第二是**懂得放弃**，你要寻找在工作中错失的那些能够发挥你优势的机会，并重新找到它。可能由于某种原因，你不得不把大部分时间用在不擅长的工作上，做自己不喜欢的事情。现在，你识别出自己的学习优势之后，就应去找到自己擅长的领域，做擅长的事情，放弃做那些不擅长的事情。

第三是**教育深化**，就是要学习新的知识和技能来提升自己在学习方面的优势，使自己成为学习方面的专家，或者通过发挥学习优势，又快又好地学习新东西。

第四是**拓展优势**，就是围绕你的学习优势来安排和拓宽你的工作内容，最大程度发挥自己的学习优势，创造最大的价值。

10 时间管理
什么决定了你的时间分配

"时间过得真快，总是不够用"，这是高效领导者经常会发出的感叹。时间管理是判断一位领导者是否高效的关键指标，德鲁克在《卓有成效的管理者》的开篇就专门用一章来阐述"时间管理"。他说，根据他的观察，卓有成效的管理者不是一开始就着手工作，他们往往是从时间安排上着手。你不仅要管理自己有限的8~12个小时的工作时间，更要指导下属高效地利用时间，否则，这个不可储存的重要资源就白白浪费了。

我们来看一个乔布斯的时间管理故事。乔布斯1997年回到苹果公司之后，每个星期一的上午都会跟大约100名软件、硬件、设计专家泡在一起，讨论产品、检查产品、改善产品设计。他用这种方法来凝聚和激发各类专业人才，创造不同凡响的产品。他几乎从不间断，一周4个小时，一年52个星期，12年中，他差不多花去2400个小时跟这些专家在一起，了解他们最新的创意和想法，激发他们的创造力。这种方法就跟一支球队经过千锤百炼，最终获得冠军的过程一样。乔布斯这种对产品一丝不苟的执着、将所有细节串联起来的做法，正是他区别于一般CEO最重要的地方。

这个故事来自管理大师拉姆·查兰的著作《人才管理大师》[一]，从中我们可以看到，乔布斯是一位人才管理和时间管理的大师，他花如此多的黄金时间和技术专家在一起打磨产品，是因为他非常清楚什么是最重要的事情。他的心中有一个清晰的价值观，那就是追求完美，做最好的产品，赢得客户。

时间管理有很多工具，其中一个经典的工具是柯维博士在《高效能人士的七个习惯》中讲到的。通过"重要-紧急"两个维度形成的四个象限，把事情分为四类：第一类既重要又紧急，第二类重要但不紧急，第三类不重要但是很紧急，第四类不重要也不紧急。这四种分类看起来并不复杂，但真正做好的人并不多。

为什么很多人管理不好自己的时间呢？一个关键的原因是他们没有弄清楚什么决定了自己的时间分配，也就是乔布斯时间管理背后清晰的"价值观"——在你的心中，什么是真正重要的？这也是"重要-紧急"框架中，"重要"这个维度。在面临多任务的时候，很多人分不清楚哪件事情最重要，应该先做哪件事情，结果捡了芝麻丢了西瓜。

[一] 本书中文版已由机械工业出版社出版。

理解了时间管理的核心是认清自己的价值观,那么,到底如何有效地进行时间管理呢?这里提供一个系统的方法,有五个步骤,可以帮助你更好地进行时间管理。

第一是**明确目标**。一个人的价值观是由他的使命和愿景决定的,简而言之,就是首先要搞清楚你为什么而活,你的人生目标是什么,人生取得成功之后的那个画面是怎样的,做人做事的核心价值观是什么。这些问题听起来很大,但是非常重要。人生就像盖一幢楼,有的人一天下来砌了一面墙,有的人只是随地放了一堆砖。一年之后,有的人盖了12层楼,有的人还守着满地的砖头。

第二是**提前做计划**。要有一个时间进度表,要有长远目标和阶段性目标,要有具体的实现路径和措施。例如,阿里巴巴的投资人孙正义先生曾经是日本的首富,在19岁的时候,他就制定了"人生50年规划":20多岁的时候,创办自己的公司;30多岁的时候,至少赚到1000亿日元;40岁的时候,为干出一番大事业全面出击;50多岁的时候,成就大业;60岁,交棒给下任管理者。

结果呢?他24岁创立软银公司;37岁公司上市,他成为10亿美元富豪;1998年2月,他投资了第一家互联网上市公司雅虎;2000年10月,他投资了阿里巴巴。几十年来,他基本实现了自己制定的人生规划,这是一个了不起的成就。所以,马云说,孙正义是个大智若愚的人,几乎没一句多余的话,仿佛武林中的人物,决断迅速,想做大事,能按自己的想法做事。

第三是**把 80/20 法则用于你所有的工作中**。时间管理本质上也是精力管理，就是要把你的精力集中在那 20% 最重要的工作上。每天上班一开始就做最重要、最有价值的事情，确保重要的事情优先完成。

第四是**提升关键技能**。我们常说"工欲善其事，必先利其器"，要想达成最重要的目标，你必须具备一些关键技能，才能够又快又好地完成任务，节约宝贵的时间。这些技能包括战略思维能力、快速学习能力、高效沟通能力等。你要精益求精，花 3000 个小时成为精通这些关键技能的高手。

第五是**遵守"3"定律**，就是找出你工作中最重要的 3 件事情，你对公司 90% 的贡献可能都来自做好这 3 件事情。每一年、每个月、每一周，你都可以思考一下这 3 件事情，不断提高自己做正确的事和用正确的方法做事的能力。

结语

本章的主题是"认识自我"，这是一个人自知、自信、自强、自立的前提，是领导力开发的基础。本章聚焦于认识自己的天性、领导特质、情商管理、优势和时间管理五个方面，给我们的重要启示是：

- NASA 开发的 4-D 天性测评表明，绿色、黄色、蓝色、橙色 4 种天性的人在信息获取和决策两大方面的天生行为倾向是不同的，这是认识自我潜意识行为倾向的重要基础，是有意识地进行 4-D 人格全面发展的指南，是知人善用的重要依据。

- 领导特质提供了一个认识人的特质的综合框架，从个人状态、才智和能力、个性特征、社会特征、与工作相关的特征、社会背景六个视角全面认知，这对于面试选人、提拔干部很有参考价值。
- 情商管理帮助我们认识情绪的本质和重要作用，实现从无意识到有意识的转变，情商管理分为两大部分：认识和管理自己的情绪、认识和影响他人的情绪。情商管理可以从自我认知、自我调控、内驱力、同理心和社交技能五个方面去改善。
- 优势理论表明，取得成功要先发挥优势。我们的优势是我们的潜能，可以从专注优势、懂得放弃、教育深化和拓展优势四个方面去开发。
- 时间管理是高效能人士最重要的基本功之一，可以从明确目标、提前做计划、应用80/20法则、提升关键技能、遵守"3"定律五个方面来提高对时间的高效利用。

第3章

认识自我（二）

——第三周 认识自我（二）

导言

> 人之初，性本善。性相近，习相远。
>
> ——《三字经》

> 我大学没入了团，当兵多年没入了党，处处都处在人生逆境，个人很孤立，当我明白"团结就是力量"这句话的政治内涵时，已过了不惑之年。
>
> ——任正非，2012年华为内部文章《一江春水向东流》

  人是环境的产物，又反作用于环境。认识自我的重要方面是认识人的社会性，认识社会环境、人际关系对自身的影响，以及我们对于这两者的影响。领导是一种关系，包含自我关系、人我关系、人与物的关系。关系是建立在显形或者隐性的假设基础之上的，积极的关系和消极的关系对一个人、一个组织的决策和行动有重大的影响。

  本章的5个小节，我们将从人性假设、三观假设、价值观、洞察人性和认知不协调五个方面更深入地认识自我。

11 人性假设
你是 X 型领导、Y 型领导，还是 Z 型领导

在工作中，你如何看待自己、看待下属、看待他人，你会建立怎样的团队关系、形成怎样的领导风格，在很大程度上取决于你内心的人性假设。

我们首先来看一个故事。戏剧表演大师卓别林曾经主演过一部电影《摩登时代》，这部电影被认为是美国电影史上最伟大的电影之一，卓别林在电影里面扮演一位名叫夏尔洛的工人。当时，美国正处于经济大萧条的最低谷。电影中有这样一个场景：在一家工厂里，一个工头打开所有机器的开关，让工人们开始干活。工人们全部上岗，开始了新一天惨不忍睹的忙碌工作。夏尔洛的工作是拧紧六角螺帽。突然，他感觉身上很痒，就挠了下身子。这时候，监工过来了，严厉地指责他在偷懒，嫌他动作太慢、效率太低。此外，工厂老板总是想方设法压榨工人，他甚至认为工人吃饭的时间太长，于是又引进了全新的吃饭机。这种吃饭机可以在最短的时间内"喂"工人吃完饭，这样自然就可以省下大量的时间用于工作，最大限度地榨取工人的剩余价值。

《摩登时代》是美国工业化时代典型工作场景的艺术表现，反映出资本家为了追逐最大利润完全不顾工人的身体健康和身心感受，把人当作机器。在监工的眼里，工人天生是懒惰的，需要严格监管、严加惩罚，才能提高工作效率。在人性假设理论中，这就是典型的 X 型领导，他们认为"人性本恶"，认为人工作的

时候是需要别人监督的，不监督就会偷懒，就会尽可能地逃避工作。

人性假设理论最早是由麻省理工学院斯隆管理学院的著名学者道格拉斯·麦格雷戈教授提出来的，他根据自己多年的管理咨询和教学经验，在1960年出版的著作《企业的人性面》中提出了两种假设，称为X理论和Y理论，这是一对完全相反的人性假设理论，X理论认为人们有消极的工作动机，而Y理论则认为人们有积极的工作动机。后来，日裔学者威廉·大内在比较了日本企业和美国企业不同的管理特点之后，参照X理论和Y理论，提出了所谓Z理论，将日本的企业文化管理加以归纳整理，强调企业文化和人文情感等人际因素对人的工作动机的影响，来解释日本和亚洲企业的成功。

下面分别介绍这三种人性假设的特点，帮助你理解自己和团队的人性假设基础，更好地优化自己的领导风格，建立良好的团队合作关系。

X理论假设人在本质上是懒惰的，没有工作的动力，天生规避责任。因此，持有这种理论看法的领导者会认为员工需要命令、强迫、控制甚至威胁，这样才能使他们付出最大的努力。我们可以看到，在富士康、海尔等传统制造业当中，持有X型理论假设的经理人员比较多。在有些工作场景下，经理人员给人的印象是专横、傲慢、急躁、不关注他人的感受和需求。X型领导者是典型的任务导向型领导者，他们高度关注工作成果和执行过程，而不是员工的感受和满意度。奖励方式主要用金钱和物质来刺激员工的工作积极性，同时，对消极的员工采用严厉的惩罚措施。这样的领导者主要采用"胡萝卜加大棒"的管理方式。

Y 理论假设人们并不是天生讨厌工作，如果他们喜欢这份工作的话，就会愿意付出更多。Y 理论还假设，在适当的条件下，人们会愿意承担更大的责任，会在工作中发挥自己的想象力和创造力，人们是需要自我实现的。持有 Y 理论看法的领导者认为不必强迫或控制员工努力工作。例如，在谷歌、Facebook、BAT 等知识员工占主体的互联网公司中，持有 Y 理论人性假设的经理人员比较多，他们的领导风格是民主、参与式的。这类经理人员通常注重以人为本，以员工为导向，提倡尊重和包容，看重人与人之间的平等合作关系，而把物质因素放在次要地位。他们会把关注的重点从工作计划、组织、指导、监督、控制等方面转移到营造积极健康的工作环境上，创造一种相对人性化的工作环境，使人们能够在这种条件下自主发挥自己的主动性、创造性。麦格雷戈认为，在激励员工的责任心和创造力方面，Y 理论比 X 理论更加有效，尤其是对于从事创造性工作的知识员工而言。

Z 理论认为，企业的成功离不开信任、敏感与亲密关系，因此，该理论主张以坦诚、开放、沟通作为基本原则来实行"民主管理"，通过强化企业的文化和人际关系来激发员工的工作热情。

此外，还有一种超 Y 理论，是 1970 年由美国管理心理学家约翰·莫尔斯和杰伊·洛希根据"复杂人"假设，在《哈佛商业评论》的《超Y理论》一文和1974年出版的《组织及其他成员：权变法》一书中提出的。该理论认为，人性是复杂的，人们带着许多不同的需要和动机加入组织，但最主要的是实现其胜任感。激励的核心是满足人们的核心需求，没有什么一成不变的、普遍适用的最佳管理方式，必须根据组织内外环境自变量和管理思想及管理技术等因变量之间的函数关系，灵活地采取相应的管理措施。这是一种主张权变的经营管理理论，实质上要求将工作、组织、个人、环境等因素做最佳的配合。

因此，你的领导风格在很大程度与社会环境、行业特点、企业文化、工作环境、任务特点、人员素质和产出结果相关，也与你上任时工作是处于顺境还是逆境有关。当形势比较有利的时候，你的人性假设可能更多的是Y型和Z型假设，领导风格是民主、授权式领导；当处于弱势、逆境和面对挑战的时候，你的人性假设可能更多的是X型假设，领导风格是集权、强势式领导，强调半军事化管理。

12 三观假设
领导哲学如何激发内驱力

我们经常听到有人说，什么人、什么事毁了自己的"三观"。所谓"三观"，是指一个人的世界观、人生观、价值观。曾经的"偶像"坍塌，也许让你消极厌世，也许让你在看清世界的真相之后依然热爱生活。那么，在一家公司中，一位领导者的三观假设会怎样影响他和团队成员的工作内驱力呢?

我们首先来看一个故事。2009年,马云带队去美国考察苹果、谷歌、微软等公司。见这些公司的CEO时,他们通常都会问对方这样一个问题:"谁是你们的竞争对手?"微软当时的CEO鲍尔默兴奋地说:"苹果公司是我们的竞争对手,索尼公司是我们的竞争对手,思科也是。"

后来,他们又到了谷歌公司,问谷歌的创始人拉里·佩奇:"谁是谷歌的竞争对手?"答案却出人意料。佩奇说:"是美国宇航局和奥巴马政府。它们跟我抢人才,就是我的竞争对手。我的工程师去美国宇航局,一年只有7万美元,只有我这里的1/5,但我还是抢不过。我们谷歌描绘了一个很大的梦想,但美国宇航局的梦想是整个宇宙,更大、更有趣,把我们最优秀的工程师和经理人员给吸引走了。"

从上面的故事中我们看到,谷歌优秀的经理人员和工程师跳槽的根本原因不是工资、奖金或期权,而是要做改变世界的伟大事情的梦想。也就是说,在本质上,激发这些优秀人才努力工作的动力不是金钱,而是他们的三观,也就是他们的世界观、人生观和价值观。

在今天,一位优秀的领导者在激励自我和团队成员时,越来越需要有清晰的世界观、人生观和价值观,这也是激励"90后"优秀员工的关键所在,他们在物质条件基本得到满足之后,更加追求工作的意义感、成就感、成长性、创造性和趣味性。

在这一节,我们着重讲一下如何找到自己的世界观和人生观，下一节会具体探讨如何找到自己的价值观。

我在领导力课堂上经常会让经理人员做"三观练习"，请他们写下三句话：第一句话，这是一个什么样的世界？第二句话，我将怎样度过这一生？第三句话，我在工作中最看重的四个价值观是什么？例如，有一位管理者这样写道："这是一个复杂多变的世界，我将努力奋斗，精彩地度过这一生。我在工作当中最看重的四个价值观是：客户第一，正直诚信，创新高效，合作共赢。"从这位管理者的三观表达当中，我们可以看得到，世界观、人生观、价值观，是一环扣一环的，一个人的世界观决定他的人生观，他的人生观决定他的价值观，他的价值观决定他的决策和行为。

什么是世界观呢？世界观就是你对这个世界的总体看法和根本观点。你的世界观受到你的成长环境和成长经历的影响。一个从小生长在和平繁荣、家事顺利环境中的人，更容易看到世界美好、幸福的一面，更容易积极乐观；而像《红楼梦》的作者曹雪芹经历家庭的盛极而衰，饱尝人生的辛酸，看尽人情的冷暖，他眼中的世界就复杂多变、世事无常，他就更容易悲观厌世。当然，如果他能够"看破红尘"，从逆境当中走出来，就会成为一位"向死而生"的内心强大的智者。例如，司马迁、曹雪芹、鲁迅等伟大的人物都没有被逆境压垮，他们超越了自己和环境，成为历史上大写的"人"。

什么是人生观呢？人生观就是你对于人生的看法，也就是你对自己活着的目的、价值和意义的看法，这往往需要经历一些人生变故之后才能深刻领会。乔布斯 2005 年在斯坦福大学毕业典礼的演讲中说："当我 17 岁的时候，我读到了一句话：'如果你把每一天都当作生命中最后一天去生活，那么，有一天你就会发现你是对的。'这句话给我留下了深刻的印象。从那时往后的 33 年，我每天早晨都会对着镜子问自己，如果今天是我生命中的最后一天，我会不会去做今天想做的事情呢？"这个观念很大程度上影响了乔布斯的人生选择。

价值观的英文是 Value，就是在我们的生活和工作中，做人做事最重要的原则和理念是什么。价值观分为终极价值观和手段型价值观两种。我们将在后面做专门的介绍。

13 价值观
什么决定我们每天的决策和行动

上一节我们学习了世界观和人生观，本节讨论价值观。今天，我们在全国各地，都可以看到社会主义核心价值观的 12 个词汇——富强、民主、文明、和谐，自由、平等、公正、法治，爱国、敬业、诚信、友善。我们也可以在各个企业看到它们的使命、愿景和价值观。在清华大学，也提出了"价值塑造、能力培养、知识传授"的"三位一体"的人才培养模式。那么，价值观是什么？有多重要？它对我们每天的决策和行动究竟发挥着什么样的作用呢？

我们首先来看一个张小龙论述微信四个价值观的案例：

第 3 章
认识自我（二）

2016 年 1 月 11 日，很少露面的张小龙在 2016 微信公开课发表首次公开演讲，讲述了微信的四个价值观：一切以用户价值为依归；让创造发挥价值；好的产品，是用完即走的；让商业存在无形中。

他说："我特别想借这个机会跟大家分享的是，我们最底层的一个思考，就是我们对待我们的产品和平台，我们自己的价值观是什么样的。我们知道做一个事情有很多很多方法去做到，做一个产品也是这样子，但是大家会做出不同的结果，除了大家用的方法不一样以外，其实有一个最底层的东西，就是你看待这个事情，你看待你产品的价值观来决定的，你是一个什么样的价值观决定了你会做一个什么样的东西出来。我今天想跟大家分享的是，微信对于产品和我们的平台的价值观。如果大家能理解我们的价值观，那我相信你在做微信相关的事情的时候……你会知道你做的事情会不会被我们拦截或者是我们鼓励的。

"在这块，我想分享四个方面的价值观：第一点，我说出来，在座可能腾讯的同事都非常熟悉这句话，这是腾讯公司里面一直在强调的价值观，就是一切以用户价值为依归，用户价值是第一位的……让创造发挥价值……公众平台到底想要变成什么？公众平台从它诞生的第一天起，公众平台的目标是要让真正有价值的东西发挥出它的价值。什么是有价值的东西？更多的是说有价值的人或者一个团队。在非互联网的时代，即使你做了一个事情很有价值，也很难去触达用户……第三个，我想跟大家分享微信的一个基本价值观，我们认为一个好的产品是一个用完即走的……事实上我们认为任何产品都只是一个工具，好的工具就是应该最高效率地完成用户的目的，然后尽快地离开。如果一个用户要沉浸在里面，离不开，就像你买一辆汽车，你开完了，你到了目的地，你说汽车里面的空调特别好，所以要待在里面，那不是它应该做的事情……为什么要让商业化于无形？我们发现很多人比我们更着急微信的商业化，也不知道为什么。但是我们确实认为，一个好的产品，它的商业化和用户的价值、用户的体验是并不矛盾的。好的商业化应该是不骚扰用户，并且是只触达它需要触达的那一部分用户……"

从这个案例中我们看到，作为月活跃账户数已突破11亿（截至2019年12月31日）的最大社交平台，微信每天影响着数亿人的社交、工作和信息获取，每一个技术细节的背后，都是价值观在主导。如果单纯是为了不断获得用户、留住用户和实现盈利，微信可以有很多的办法，但这对于用户，尤其是一些缺乏自制力的青少年，可能带来的后果是什么呢？因此，一个伟大的产品、一家伟大的公司的所有决策背后一定要有积极正向的价值观的指引，一定要有高于商业利益的社会责任的考量。

人文领域的著名学者米尔顿·罗克奇把价值观分为目的型价值观和手段型价值观。目的型价值观也称为终极价值观，例如，一个人追求的自由、幸福就是终极价值观。人类的终极价值观是类似的。而企业中追求的"客户第一、创新高效、卓越执行、团队合作"等是手段型价值观，是实现目的过程中遵循的做人做事的基本原则，不同企业的手段型价值观会有一些差异，同一个企业在不同的发展阶段，其手段型价值观也会有所不同。例如，阿里巴巴价值观的"六脉神剑"在2019年公司成立20周年的时候就更新了一版。

那么，作为一个领导者，如何找到自己和团队的正确价值观呢？这里介绍一个两步法。

第一步，找到你的价值观和声音。

你要成为一位值得信赖的领导者，要言行一致，首先要找到自己的价值观和声音。作为企业中的团队领导者，你需要问自己：在工作中，我真正关心的是什么？是什么理念和原则让我与他人区别开来？大多数企业的价值观是四个词，涵盖了对客户、对自己、对团队、对工作的原则和态度。

第二步，明确团队共同的价值观。

一个人的行为是受他认可的价值观支配的。一个团队可以举办一个半天或者一天的"价值观澄清"研讨会，一般不超过20人，由一位引导师引导，每个人写出自己在工作中的四个核心价值观，然后全部贴到墙上，请每一位成员做一个说明，讲出他对四个价值观的理解，让其他人能够理解，也促进相互理解。然后,由小组成员投票,看看哪几个价值观得票最多,最后由团队负责人进行梳理归纳,提炼出大家共同认可的价值观。当然,提炼出的价值观可能在表达方式上不一定让每个人都满意,但只要包括了大多数人的意见即可。只有这样,团队成员才会自觉遵守和践行,才会在利益冲突的关键时刻,坚守企业的价值观,赢得客户的忠诚度。

当然,价值观也不全是一成不变的,有的价值观是长期不变的,有的是会与时俱进的。我们来看一个腾讯公司价值观演变和如何形成共同价值观的案例:

> 2019年11月11日是腾讯公司成立21周年的纪念日。这天,腾讯正式宣布全面升级的腾讯文化3.0。其中包括全新的公司使命与愿景"用户为本,科技向善",以及全新的公司价值观"正直、进取、协作、创造"。
>
> 自2003年腾讯发布腾讯文化1.0以来,腾讯文化已经迭代升级了三个版本。2003年,腾讯首次发布公司的愿景与使命,分别是"用户依赖的朋友、快乐活力的大学、领先的市场地位、值得尊重的合作伙伴、稳定和合理的利润"与"创一流的互联网企业"。
>
> 2005年,腾讯再度更新愿景与使命,即"通过互联网服务提升人类生活品质"与"最受尊敬的互联网企业"。
>
> 马化腾、刘炽平和腾讯全体总办发出的内部邮件《用户为本,科技向善——写在腾讯文化3.0发布之际》中说:"大家好!今天起,公司有了全新的使命愿景和价值

观。"用户为本，科技向善"是我们新的使命愿景，"正直、进取、协作、创造"是我们新的价值观。自2003年我们正式发布腾讯文化1.0版本以来，作为腾讯最重要的产品，腾讯文化已经迭代升级三个大版本……

传承"正直"与"进取"，迈向"协作"与"创造"。

公司坚持传承正直的价值观，就是鼓励员工继续"坚守底线、以德为先，坦诚公正不唯上"，这是总办极度重视、员工高度认同的价值观。我们坚持传承进取的价值观，强调"无功便是过，勇于突破有担当"；同时赋予"进取"更高的标准和内涵，倡导员工不断追求卓越，并对管理干部有了更高的指引与要求。

"合作"升级为"协作"具有明确的价值导向。就是要"开放协同，持续进化"。对内要大家放大格局、打开边界，以开源的心态与各组织协同，用符合互联网思维的方法和工具进行协作；对外要广泛协同伙伴和生态力量，共创更大价值。我们希望，这种导向可以牵引个人成长，促进组织进化。

"创新"升级为"创造"则指向更高的要求，意味着"超越创新，探索未来"。这就需要我们不断突破现有思维，保持对前沿和未来领域的关注和投入，以更有分量、更具结果的导向去创造更大价值。我们不会忽视技术和产品的微创新，但我们有了更高的目标：面向未来、探索未来，通过创造力实现更大的社会价值。

14 洞悉人性
如何在面试的前 3 分钟看明白一个人

成功的领导者都是洞悉人性的大师。所谓"人性洞察力",简而言之,是透过一个人的言行举止的表象看清一个人本质的能力,这是一种综合的观察力和判断力,需要长期的练习和积累才能够习得,且往往在因看错人而给自己带来重大灾难之后进步最快。在面试当中,洞察力体现在如何又快又准地判断一个人的人品、能力和潜力,也就是一个人的价值观是否与公司的价值观相匹配,其能力是否与岗位需求相匹配。例如,在格局、诚实、进取、合作、好学等方面。这是一件既重要,又难度极大的事情。

我有一次与一家互联网公司的负责人交流,他所在的公司一年招聘几千人,但一年内的离职率在 50% 以上,尤其是在试用期的前三个月,离职的人非常多。这样既浪费了管理者大量的面试时间,又因人岗不匹配耽误了很多要紧的工作。

坦率来说,这个题目取得有点"标题党"的意味,因为 3 分钟看明白一个人几乎是不可能的事情。但 3 分钟喜欢一个人是有可能的,我们常说"一见钟情",讲的就是这个道理。实际上,人有一种长期进化而来的天然的直觉,在阿里巴巴叫"闻味道"。这里提供一些基本的思路和方法,供你参考和练习。

晚清名臣曾国藩是一位识人用人的大家,他发掘和提拔了左宗棠、李鸿章等著名人物,他还把自己一生在识人、用人方面的心得整理成一部传世奇书《冰鉴》，受到很多人的追捧。

我们首先来分享一个关于他识人的小故事：

> 有一次，李鸿章带了三个人去见曾国藩，当时曾国藩刚吃饱饭正在散步。他有饭后散步3000步的习惯，所以，那三人就在一旁恭候。等他散步之后，李鸿章请他接见那三人，曾国藩却说不必了。李鸿章很惊讶，曾国藩就对他说："在散步时，已经观察过那三个人了，第一个低头不敢仰视，是一个忠厚的人，可以给他保守的工作；第二个喜欢作假，在人面前很恭敬，但是我一转身，便左顾右盼，将来必定是阳奉阴违的人，不能任用；第三个人，双目注视，始终挺立不动，他的功名，将不在你我之下，可以委以重任。"后来三人的发展，果然不出他所料，而第三人就是后来的台湾首任巡抚刘铭传。

曾国藩识人用人的方法，有一个口诀：邪正看眼鼻，真假看嘴唇；功名看气概，富贵看精神；主意看指爪，风波看脚筋；若要看条理，全在言语中。

当然，曾国藩是政治家，他识人的角度更多是从一位政治家的角度来看，他选人用人的标准比一般的企业选人做事的标准要高得多。他关注的重点是：一个人是否正直诚信、心胸宽广、刚毅坚卓、多谋善断、思路清晰、勤奋好学、知行合一，是否有雄心抱负和格局担当。要提防那些"小我太大，大我太小"的人。

日本著名企业家稻盛和夫推崇的人才标准是明代思想家吕新吾在其《呻吟语》一书中提出的"深沉厚重是第一等资质；磊落豪雄是第二等资质；聪明才辩是第三等资质"，这也是一个很好的标准。

在企业面试过程中，一名候选人的简历能够通过筛选进入面试环节，说明他的专业背景和从业经历已经基本过关。我们面试他的目的一是印证他简历中描述的是否属实，更重要的是在面对面的互动和沟通中，判断他的价值观是否与公司的价值观基本符合，是否言行一致，是否靠谱。这个过程在阿里巴巴叫"闻味道"，这个环节，一般都会由在阿里待了至少3~5年的业务负责人或者HR来完成。你在面试沟通的整个过程中的言谈举止，以及你回答问题过程中展现出来的做事情的出发点、背后的行为动机，都带有你的"味道"，也就是你的价值观和做人做事的原则。

面试的重点是确认一个人的价值观，以及他是否言行一致，是否靠谱。在面试过程中，大致可以从三个方面来做出初步判断：

第一，看一个人的形象气质。也就是看一个人的眼缘怎么样，看起来是不是自然、舒服，是不是真实、靠谱。这是一个人长期修炼的成果，很多时候是无意识的，很难伪装。人的直觉很强，70%的信息来自眼睛的观察，往往对方还没有说话，你就能够从衣着、神态、礼仪当中获取很多重要信息，做出初步的判断。后面的提问和交流，是用来印证你的判断的。比如前面曾国藩识人就是如此，他并没有问这三个人一句话，但从他们站在那里的状态，就已经判断出他们的品性特质。

第二，看一个人的言谈举止。这是考察一个人的动态能力。首先，请他做一个 1 分钟的自我介绍，1 分钟看起来很短，实际上很考验人。1 分钟大约可以讲 200 字，也就是 20 句话，他是否能够自信且有针对性地讲述自己的经历、专长、加入公司的动机、能够贡献什么、希望在公司获得什么，他是否有充分的准备、清晰的思路，是否能做到重点突出、实事求是，都可以反映出他是否有比较清晰的自我认知，是否对于自己的定位、自己的优劣势有清楚的认识。遗憾的是，很多刚毕业的大学生，甚至是参加 MBA 面试的经理人员，在做自我介绍的时候，常常会讲一些口水话，没有讲到对方关注的重点，从而没有给对方留下深刻的印象。

第三，重点判断一个人的价值观。一般是询问一个有挑战性的问题来看他做人做事的原则，例如，评委经常会让对方讲述一个最有挑战性的经历，他在其中扮演了什么角色，发挥了什么作用，以及在这个过程中，他的关键行为体现出哪些最重要的价值观。除此之外，还可以从他是否守时、对他人的评价，以及他的朋友圈内容来评价这个人。

15 认知不协调
人们为何常常忘了为什么而出发

"认知不协调"是美国著名社会心理学家费斯廷格在 1957 年提出的一个社会认知理论，指的是我们很多人在日常生活和工作中都存在的行为和动机不一致的情况,也就是"知行不一",这会导致很多的内心冲突以及人际关系冲突。

我们来看一个故事:

> 有一个犹太人在一个反犹太的街区开了一家缝纫店。有一群年轻人想要把他赶出这个街区,他们每天都会跑到他的店门口向他大喊:"犹太人!犹太人!"这让他心惊胆战,失眠了好几个晚上。他想出了一个办法,当那群年轻人再来他店门口时,他就对他们说,凡是叫他"犹太人"的都将得到1毛钱。这群人得到奖励之后,非常开心,第二天更加高兴地跑来大喊:"犹太人!犹太人!"这位犹太人微笑着给了每个人5分钱,这群年轻人还是很满意地离开了,毕竟5分钱也是钱。几天之后,这位裁缝就只给这群年轻人每人1分钱,并且解释说他的钱不多了,付不起更多的钱。接下来,有趣的事情就发生了,很多年轻人嫌给1分钱太少了,他们冲着裁缝大喊:"你只出1分钱,还想让我们叫你犹太人,你真是疯了!"

这个故事告诉我们什么呢?这群年轻人上了犹太人的当,他们完全忘了最初去裁缝店叫"犹太人"的目的是驱赶犹太人离开。而当犹太人告诉这群人叫他"犹太人"就可以获得1毛钱报酬的时候,这位裁缝巧妙地修改了他们叫"犹太人"的目的,从而不战而屈人之兵。

我们在日常生活和工作中有没有类似的情况呢?实际上,这样的情况是普遍存在的。例如,有一位成绩处于全班中等水平的学生,他的家长对他说:"你期末考到全班前三名,我就给你买一台新电脑。"可孩子说:"我不想要一台电脑,我要一台新的 iPhone 手机。"家长说:"学校不让带手机,买手机不划算。"可是孩子就是要新的 iPhone 手机,否则就不好好学习。你看,这个学生学习的目的是什么呢?是要一部手机,还是成为更好的自己、成为社会有用的人才呢?不恰当的物质奖励,会让学生忘记学习的目的和动机,转而追求奖品。就像那群年轻人一样,驱赶"犹太人"的目的转变成了获得1毛钱的回报,一旦报酬减少,或者不合他意,就立刻放弃,完全忘记了最初的目的。这就是典型的"认知不协调",也就是"知行不一"。

在公司中,不恰当的 KPI 考核和奖金激励制度,有的时候也会带来"认知不协调"问题。例如,有一家公司的价值观强调"以客户为中心",但每个月对员工的绩效考核却严格以收入和利润为中心,这就会让员工为了完成收入和利润目标,不惜一切代价,甚至做出违背公司价值观的事情。这个公司的目的和动机,与考核机制带来的员工行为,是不一致的。

那么,有什么好的方法可以让我们觉察和消除这种"认知不协调",从而做到"知行合一"呢?这里提供两种简单的方法,一种是改变态度,一种是改变行为,从而达到"知行合一"。

改变态度,是指改变一个人对一件事情的认识和看法,形成真正的价值认同。例如,前面提到的那家公司,既然提出"以客户为中心",那么,公司高管就要对全体员工讲清楚为什么公司提倡以客户为中心。有的公司说"顾客是衣食父母",没有顾客就没有公司存在的价值,通过企业文化、领导者以身作则的行为、树立榜样、奖励客户导向的行为等方式,让全体员工真正形成对"以客户为中心"的认知,从而每天在行为当中自然地展现出来。例如,在海底捞火锅店,员工接受了公司的价值观,人人热情服务、微笑服务,让顾客满意和感动。

改变行为,是指首先让员工参与做一件事情,在多次重复做事情的过程中,员工付出了心力和体力,也体会到了这件事情的好处和价值,从而形成内心认同,养成行为习惯,达到"知行合一"的状态。在海底捞,让一位新来的员工跟着师傅做大堂服务,在做的过程中,得到客户的认可和积极的反馈,就会加深他对"以客户为中心"的价值观的认同,从而转变为主动和自觉的行为。

结语

人是一种社会性动物,认识环境中的我、关系中的我,是我们认清自己的社会属性、建立良好人际关系的基础。本章我们从人性假设、三观假设、价值观、洞察人性、认知不协调五个方面学习,得到的重要启示是:

- X理论、Y理论、Z理论提出的人性假设,让我们了解不同假设支配下形成的领导风格,从而认识自己的领导风格是独裁集权型领导、民主授权型领导、平等参与型领导,还是复合型领导。

- 三观假设阐释了世界观、人生观和价值观如何构成一位领导者的基础哲学，在多大程度上决定他的事业追求、人生态度和待人处事的原则，积极的三观催人"自强不息，厚德载物"，成为组织信任和重用的中坚力量。

- 价值观决定你做人做事的偏好和投入，澄清价值观帮助你找到自己的声音，建立团队共同的价值观，支持团队形成共识，心往一处想、劲往一处使。

- 识人用人是人生成功和幸福的关键，洞察一个人可以从形象气质、言行举止和价值观三大方面由表及里全方位地进行认识。

- "认知不协调"影响"知行合一""不忘初心"，可以通过改变态度与行为，减少并消除"认知不协调"，提高"知行合一"的能力。

第 4 章

领导能力

导言

> 将者，智、信、仁、勇、严也。
>
> ——孙子《孙子兵法》

> 战略的洞察力，与战斗的决断力；正确的执行力；准确的理解力……人际交往能力，我们选拔干部主要是这四种能力标准。
>
> ——《任正非谈管理：正职5能力，副职3要求，华为接班人，就要这么选！》

前面我们学习了三大主题：成为更好的自己、认识自我（一）、认识自我（二），它们是学习领导力的基础。第4章我们要学习的领导能力，是领导者带领团队又快又好解决问题、完成任务的熟练技能。要成就卓越，领导者就必须成为前瞻未来、聚焦自律、学习成长和坚忍不拔的高手。

领导者是团队的船长、舵手，需要具备全方位的综合领导能力。关于领导能力的描述，有多个层次和多个角度，美国著名学者理查德·达夫特教授统计出300多种领导能力的定义。中国领导科学研究会常务副会长刘峰教授认为，领导者最重要的是要有决策力和影响力。

亚马逊公司创始人贝佐斯提出了著名的14条领导力准则：顾客至上、主人翁精神、创新简化、决策正确、好奇求知、选贤育能、最高标准、远见卓识、崇尚行动、勤俭节约、赢得信任、刨根问底、敢于谏言、服从大局、达成业绩。

本章的5节主要集中于团队领导者决策和执行过程中的五个基础能力：前瞻力、自控力、自学力、复原力和逆转力。

16 前瞻力
成功的领导者为什么总能找对方向

互联网公司的CEO们很推崇这个公式：企业成功＝战略×组织能力。战略的核心是什么呢？哈佛战略大师迈克尔·波特认为，战略的核心是三个关键词：定位、取舍、匹配。这就要求领导者预见机会和挑战，做出事关长远和全局的正确的判断与决策。领导者做对战略决策需要有前瞻力，即洞悉未来趋势、在混沌中看到商机和风险的能力。过去20多年，在全球著名的"受人尊敬的领导者品质"（CAL）调查问卷中，"前瞻性"一项无论是在全球还是在中国，都排在第二位，被超过60%的人选中。这表明要赢得他人的尊敬和追随，你必须具备很强的前瞻力。

我们来看一个案例：美团点评的创始人王兴是一位连续创业者，有一本写他的书叫《九败一胜》，这本书详细地记录了他的创业历程。王兴多次创业的一个共同特点是，他每一次都踩对了点，都找到了好机会。所以，业界公认王兴是中国最具前瞻性的企业家之一。接下来，我们简单梳理一下他的创业历程，看看他是如何前瞻未来，找到创业机会的：

2004年年初，25岁的王兴中断了在美国的博士学业，他回国做的第一个项目叫"多多友"，之后又做了第二个项目"游子图"，"游子图"针对的是海外的游子。

2005年秋，王兴决定要专注于大学校园社区。他们研究和学习了Facebook，开发出了校内网。发布仅3个月，校内网就吸引了3万用户，增长十分迅速。后来，因为多方面原因，王兴将校内网卖给千橡互动CEO陈一舟，后者从日本软银融得4.3亿美元，并将校内网改为人人网，2011年成功上市。2007年王兴又创办饭否和海内网。2010年3月，再次创立美团网。10年时间里，美团经历了大大小小的数次危机，从"千团大战""外卖大战""合并点评"，到"2018年危情上市"，最终成为团购行业的王者，市值超过1500亿美元。

从王兴的多次创业中可以看出，他的创业项目万变不离其宗，所有的创业项目都有一脉相承的思路，只是应用角度有所调整，他说："从校内、海内、饭否到美团网，我一直在利用人际关系传播信息。只是以前做的是社区类网站，现在做电子商务的应用。"

与埃隆·马斯克一样，王兴善于运用"第一性原理"来思考，对创业的本质和规律有很清醒的认识。他认为传统行业的创业好比登山，山永远在那里，你随时可以去，而互联网创业就像一波一波的科技大潮,像冲浪一样,你要找准时机,踏上浪头。如果一个浪头过去了,你就不要再去追它,你应该勇敢地迎接并敏锐地捕捉下一个浪潮。

对于互联网创业,王兴有一个著名的"四纵四横"分析图,非常清晰地分析了互联网创业的机会,帮助了很多互联网创业者。所谓"四纵",就是四个领域——娱乐、信息、通讯和商务,这是人们最基本的一些需求,且这四类需求是基本不变的。每过5年左右,就会有一波大的科技变革,它会影响四个方面,即"四横"——搜索、社交、移动、智能硬件。例如,百度做的是信息搜索,阿里巴巴做的是电子商务,腾讯做的是通讯、社交和娱乐。

从上面的案例可以看到,王兴是一位非常善于学习、思考和创新的战略家、思想家,那么,他的前瞻性是如何培养出来的呢?关于这个问题,我没有和他深入探讨过,只是在几次为美团讲课和接触当中,有一些观察,同时,结合这20多年对众多企业家的观察,我总结出四点思考,供你参考和学习:

第一是**志向远大,面向未来**。志向远大,英文是 Think Bigger。有志向才会有大格局,才会面向未来去思考和行动。1997年,在清华电子工程系迎新活动上,别人聊校园趣事,而王兴在自我介绍时却说道:"天下兴亡,匹夫有责。"他还在2017年清华的演讲中对学弟学妹们说:"如果进企业我只有一点建议,清华大学的学生应该有志气,应该加入一个能做世界冠军的企业,这个非常重要。"王兴经常提到的一句名言是英国前首相丘吉尔说过的一句话："一个人能看到多远的过去就能看到多远的未来。"志向远大才会博古通今、前瞻未来,在长期学习和决策的积累中培养出前瞻力。

第二是**快速学习,保持好奇和开放,拓宽自己的视野**。今天的科技创业,需要全球视野和未来视野,需要关注最前沿的科技和商业动态,需要经常去美国等发达国家游学、参展和交流。网传王兴经常跟人提起他的三个Kindle,今日头条创始人张一鸣打趣回应说:"我有五个Kindle。"他们都是重度的信息获取者,每天都会通过手机、Kindle等方式,第一时间获取国际前沿信息。

第三是**扎根行业、吃透行业**。创业基于行业,创业者需要有长期主义信念,在一个行业扎根。工作5~10年以上,才能够真正发现行业的潜在需求和痛点,所以,王兴说他10多年的创业一直是在利用人际关系传播信息,每一次创业都是有相关性的,因而才能逐渐深入地理解客户、理解产品、理解商业运营。

第四是**勇立潮头、快速迭代**。培养前瞻力,除了阅读和学习之外,更需要勇于尝试,在最初的多次尝试和失败中学习、积累一手经验,才能做到知行合一、驾轻就熟,才能够在一次又一次的判断中验证自己的前瞻力,修正自己的前瞻力。

17 自控力
如何通过5分钟提高自控力

在"2014清华管理全球论坛"上,时任清华经管学院院长钱颖一问苹果CEO蒂姆·库克最为艰难的决定是什么时,库克的回答是"不做什么"。他还说:"乔布斯是一个非常专注的人。人们往往记得乔布斯的才华,却忽略了他的专注力,大家会奇怪他为什么总穿同样的衣服,因为他要消除掉一些不必要的干扰。"

为什么要强调专注和自控呢?因为今天这个世界的机遇、诱惑实在太多,而我们的时间和资源是有限的,每一个成功的产品都需要投入大量的时间和资源。现实中,我们很多人都面临拖延、晚睡、节食、刷手机、购物等带来的挑战,你要想获得成功和幸福,就必须提高自己的自控力,聚焦于自己的目标。自由的前提是自律。

什么是自控力?它是指一个人为了实现某个目的或者目标,对自身的冲动、感情、欲望进行自我控制的能力。它可以通过自我调节、增强自我的意志力来提高。

我们首先来看一个关于自控力的著名的心理学实验:

> 20世纪60年代,自控力之父沃尔特·米歇尔教授带领斯坦福大学的团队进行了著名的棉花糖实验。他们对斯坦福大学Bing幼儿园的学龄前儿童做了一个研究:用诱人的奖品来考验这些儿童,看看他们是否能够控制自己的食欲。他们给这些儿童两个选择,一个是可以立刻获得奖品(比如,1块棉花糖);另一个是他们需要独自等待20分钟,但之后能获得更多的奖品(比如,2块棉花糖)。在这两项中他们只能选一项。

实验结果出人意料，大约70%的儿童不假思索地选择了第一个选项，马上获得1块棉花糖，并立刻吃掉；有30%的孩子选择等待，最后拿到了第二块棉花糖。这一系列实验吸引了全球的关注，米歇尔教授把他的研究成果集结在《棉花糖实验》一书中，揭示了自控力和延迟满足对一个人的成功与幸福的重大影响：

> 即使是4～5岁的儿童，为了更多的奖品，也可以努力控制自己的欲望，也就是延迟对自己的即刻满足，并且他们在这方面还有巨大的潜力"。这个实验的跟踪研究还显示：这些在4～5岁能够等待更长时间的孩子，其后来的美国高考（SAT）成绩也更好，他们在青春期的认知能力和社交能力也更强。他们在27～32岁这个阶段，有更加健康的体重，有更好的自我价值感，能够更有效地追求自己的目标，有更好的适应能力，能够更有效地应对挫折和压力。同时，他们的大脑扫描结果和那些不能自控的人有显著的不同。

那么，如何培养我们的自控力呢？心理学研究证实，自控力来自基因，来自大脑前额叶皮质，由人大脑中的生物能量决定。不过，它也是一种"肌肉"，可以通过锻炼增强。当然，在延迟满足能力的背后有着更为重要的原因，那就是动机，而决定动机的往往是一个人的价值观，这和我们之前讲到的时间管理的背后是价值观，是类似的，也就是我们认为什么是重要的。当你的价值观越清晰，自控力就越强。

那么，究竟是什么决定了自控力呢？通过对孩子们行为的反复观察，米歇尔得出一个结论，那就是"转移注意力"。在实验中，他们发现那些选择等待的孩子不会一直盯着棉花糖，他们会捂住眼睛、玩捉迷藏，或是唱歌，他们对棉花糖的渴望不是消失了，而是暂时被忘记了。

因此，培养延迟满足能力的一个方法，是教孩子用不同的方式看待棉花糖，比如，把棉花糖看成一幅画。如果孩子们意识到学会转移注意力就能够实现自我控制，那么，他们就会更加努力地去控制自己，就会有更强的自控力。

我曾经看到一篇写某位美国将军年轻时期的文章，讲述他如何通过"转移注意力"来提高自己的自控力。23岁的他相貌英俊，从西点军校毕业，被派到菲律宾担任工程技术兵团少尉。为了抵制菲律宾女郎的诱惑，他悄悄买回一面镜子。"当难以自控的时候，他就站在镜子面前，对着镜子里的年轻少尉一顿训斥，就像是西点军校的教官训斥屡教不改的新兵一样"。此外，他还想方设法来转移自己的注意力，例如：打马球、打网球、打台球、到丛林狩猎等，来打发难熬的时光，坚守一个职业军人的节操。

最近有一本斯坦福的畅销书《自控力》，也是最受欢迎的心理学课，介绍了两个小方法，有助于你提高自己的自控力。

第一是**训练大脑**。就像通过锻炼能增加肌肉一样，通过一定的训练，大脑中某些区域的密度会变大，会聚集更多的灰质。你可以在家里有目的地设计一些装置，通过重复练习来改变自己最难改的坏习惯。例如，为了改掉容易分心的习惯，你可以采用一种很流行的番茄工作法，选择一个要完成的任务，将番茄时钟设为 25 分钟，专注工作，中途不做任何与该任务无关的事，直到番茄时钟响起，然后在纸上打一个勾，短暂休息 3~5 分钟，每 4 个番茄时段进行一次稍长一些的休息。

第二是**正念冥想**。研究发现，正念冥想练习可以大幅度提高注意力和自控力。正念冥想不是让你什么都不想，而是让你专注、不要太分心、不要忘了最初的目标。坚持每天正念冥想 15 分钟，3~6 个月之后，你的自控力就会有显著改善。实际上，乔布斯、施瓦辛格、科比等成功人士，都从正念冥想练习中获得了灵感，提高了自控力。

18 自学力
马斯克如何通过阅读无师自通多个领域

在学校，有老师引导和督导你的学习，进入职场之后，谁来引导和督导你的持续学习与成长呢？

在学校，学习有标准的教科书和答案，进入职场之后，学习的教科书和答案又是什么呢？

在 VUCA 的世界，自学力比学习力更重要。实际上，这是我反复思考之后，提出来的一个新概念，因为对于今天离开学校的成年人来说，新事物层出不穷，终身学习的时代已经来临。我们从 20 岁离开学校，到 60 多岁退休，主要靠自学、靠自知、自觉、自信、自励、自成。

所谓自学力，就是充满好奇心和开放的心态，自己主动制定恰当的学习目标、学习规划，善于见贤思齐、自省进化、举一反三、触类旁通，并严格和有效地执行学习计划，达成学习目标的习惯性能力。

我们首先来看一个案例：

> 2015年10月，特斯拉的创始人埃隆·马斯克到清华大学和经管学院的钱颖一院长进行对话。钱院长问了马斯克一个关于学习的问题："火箭技术是非常高尖端的科技，你不仅是公司的CEO，还是CTO，但你之前是学物理学和商科的。你在斯坦福读了三天的博士，我非常肯定，你是自学成才的。你自学了科学工程、计算机编程、物理学等，没有经历过在学校的正式学习与研究，你是怎么做到的？"
>
> 马斯克回答说："自学比正规学习快得多。我会读很多书，和很多人交流。"钱院长又问："光靠读书就可以成为一个火箭专家吗？"马斯克回答说："是的，不过还要进行实验。既要看书，也要实验，因为书里的东西未必正确。其实，看书的速度要比听课快，所以，看书学东西要快得多。"

我在现场听得是"脑洞"大开，一个人可以跨专业学习这么多知识，还能够做到学以致用，真不愧是"钢铁侠"！

据马斯克的弟弟说，马斯克从青少年时代起，每天都会阅读 2 本不同学科的书。换句话说,如果你一个月读一本书,马斯克的阅读量是你的 60 倍。他的阅读领域涵盖科幻小说、哲学、宗教、编程,以及科学家、工程师和企业家的传记等。

马斯克还擅长一种非常特别的学习方式——迁移学习,就是将从一个领域学习到的知识应用到另一个领域中,学以致用、触类旁通、举一反三。这样,随着长期不断地总结与积累他的"第一性原理",并将这些原理在不同的领域结合起来,他就会突然获得一种超级能力,进化到一个我们从未到达的新领域,并能迅速做出非凡独特的贡献。

马斯克的故事对我们最重要的启示是,想要取得突破性成功,我们必须培养良好的自学能力和阅读习惯,进行跨界学习,才能够整合各个交叉领域的知识,实现有原创性的创新。

在今天这个快速变化和不确定的商业环境中,"学习力"将是所有职业能力中最重要的底层能力。谷歌的人力资源高级副总裁拉斯洛·博克说:"面试选人最重要的是看一个人的现有能力和学习能力。"因为候选人的教育经历不能预测他能否会在公司取得成功,更重要的是学习和适应能力。全球领先的猎头公司光辉国际的研究也表明,"个人的学习能力越强,10 年中得到晋升的可能性就越大"。

那如何快速有效地学习呢?超级学霸斯科特·扬,以常人难以想象的速度,成为麻省理工学院历史上最快毕业的人,并登上 TED 的演讲台,向全世界介绍自己的学习经验,他写了一本畅销书《如何高效学习:1 年完成麻省理工 4 年 33 门课程的整体性学习法》，并经营着世界上最大的学习博客。

　　他通过长期的研究和实践，总结出了一种整体性学习方法。整体性学习不同于死记硬背的机械记忆，而是运用你的大脑已有的丰富神经元网络，吸收、整合信息，将知识关联起来，达到记忆和应用知识的目的。开始学习的最佳方法是比喻、内化、基于流程的记事和画图表法，这些方法构成了整体性学习的基础。

　　整体性学习当然也不是什么全新的方法，而是已有方法的综合运用而已。它就像是在编织一张知识的大网，把一个知识与另一个知识有序地连接起来，便于理解、记忆和使用，这也和很多500强企业在应用"思维导图""学习地图""知识地图"等工具非常类似。

　　整体性学习最重要的三个观点是：知识结构、模型和高速公路。知识结构，就是一系列紧密联系的知识，就像是一座城市，比如北京市由很多的建筑构成，每一个建筑都可以看作一个知识点，它们需要道路把它们连接起来，形成一个有机的整体。模型，就是简化的知识结构，是知识结构的快照，就像是一张北京地图，你没有看见整个北京，但可以从浓缩的信息中看到北京市的概貌。所谓高速公路，是指结构与结构之间的联系，比如说北京和上海是两个大的知识结构，通过高速公路和高铁快速连接起来。再例如，你看了一本历史书，又看了一本管理书，如果你能够把两者联系起来，看到历史对管理的影响，你就在两者之间架起了高速公路。

　　从马斯克的学习经历来看，他就是一个很擅长跨界学习，进行有效连接和整合，并且学以致用、触类旁通、举一反三的成功人士。这是未来创业家和职场成功人士的榜样。

19 复原力
王兴"九败一胜"的关键能力

领导学之父沃伦·本尼斯在《领导的艺术与冒险：失败、复原力和成功》一书中指出："具有优秀品质的人，能够像冶金家看待熔炉一样看待生命中的挫折。失败真的是考验领导者灵魂的火焰，他们性格中隐藏的方面显现了出来。有时，对于失败成熟的、深入的看法有助于做出超越常人的、明智的长远决策。"

复原力（Resilience），有时候也翻译为"坚韧"或"逆境商"。美国管理学会前主席弗雷德·路桑斯教授认为，复原力是一个人心理资本的四大要素之一，其他三个要素是：信心，希望和乐观。复原力被公认为是和智商、情商一样重要的能力，对于创业者来说，它有的时候甚至比智商、情商更加重要。巴顿将军曾说："衡量一个人是否成功，不是看他到达顶峰的高度，而是从顶峰跌落谷底的反弹力。"

那么，复原力和后面要讲到的"逆转力"有什么不同呢？逆转力讲的是一位领导者如何逆转企业业绩下滑的能力，讲的是领导者重振企业和团队的综合能力。而复原力，按照路桑斯教授在《心理资本》一书中的定义，是指一个人主动适应重大挫折或危险情境，积极地从有挑战性的事情中恢复镇定的能力，以及超越平凡的意志力，是一种个人的心理素质。

复原力对一位领导者有多重要呢？我们还是来看一个案例。在前瞻性一节中，我们讲了美团网创始人王兴连续创办多多友、游子图、海内网、饭否、美团等多家公司，最终"九败一胜"、取得成功的案例。王兴在15年的创业路上可谓是历经风雨。2017年，他在清华大学做演讲的时候，主持人问了他这样一个问题："请谈一下你曾经面临的最大的挑战？"

王兴说："当年'百团大战'的时候，2010年战况非常紧张，很多家团购网站为了融到更多的钱，在商业上不择手段，想方设法挖走美团的人。高峰期是在2011年6、7月份。有一次我听到消息，上海的团队要被挖走，我从接到消息到上飞机，用了40分钟。飞到上海什么行李都没有，找那个团队谈。谈完后，南京又出了问题，又坐火车从上海到南京，谈了12个小时。那个时候的压力的确很大，连轴转，对于未来充满未知。"

我在现场听到这个故事，眼前仿佛看见王兴拿着手机，一边打电话，一边匆忙地赶往飞机场，飞向茫茫无边的黑夜。这样的挑战对于王兴，对于成功的创业者来说，可谓是家常便饭。这需要创业者有极其强大的心理复原力，必须要成为一个打不死的"小强"，才能一次次穿越逆境。所谓"欲戴王冠，必承其重"，就是这个道理。

我们每个人在工作和生活中都难免会遇到挫折、失败的时刻：高考失利、创业失败、客户流失、人才流失、裁员、无力偿还房贷，甚至失恋、离婚，等等面对这些挫折，有的人一蹶不振,得了抑郁症,永远无法重拾信心;但也有人重整旗鼓,很快走出低谷,满血复活,这背后的心理特质就是复原力。

复原力这么重要,为什么很多人做不好呢? Facebook 的首席运营官桑德伯格是全球著名的女性领导力典范,曾被福布斯排在全球女性领导力第 5 位。2015 年,她突然遭遇丈夫因病去世的重大打击。她把丈夫的去世归咎于自己的照顾不周,痛苦而自责,在相当长一段时间里,都无法走出悲痛的阴影。后来,经过朋友们的引导和帮助,她锤炼了自己的复原力,从悲痛中恢复过来。为此她出了一本新书叫《另一种选择》,专门介绍复原力。她引用心理学家最新的研究成果,揭示了阻碍复原力的三个认知因素:①个人化(Personalization),认为坏事的发生都是自己的错;②普遍性(Pervasiveness),认为消极的事件会影响到生活的方方面面;③持久性(Permanence),认为事件的残余效应将永远存在。

那么,有什么简单有效的方法可以提升复原力呢?前不久,《哈佛商业评论》介绍了一篇很好的文章"一旦有了'复原力',人生真的没啥可怕的",指出复原力强的人拥有三个明显特征:冷静接受眼前的现实;在艰难时期依然能找到生活的意义;有惊人的临场应变能力,擅长利用手中的一切资源。

第一,直面现实。

吉姆·柯林斯在撰写《从优秀到卓越》时,最初认为复原力强的公司里聚集了很多乐观主义者。为此他访问了曾在越南遭受 8 年囚禁与虐待的美国海军上将吉姆·斯托克代尔。柯林斯问斯托克代尔："什么样的人没有挺过去？"斯托克代尔回答说："哦，这很容易回答，乐观主义者。他们说，圣诞节我们就能出去了。然后是复活节，然后是独立日，然后是感恩节，接着又到了下一个圣诞节。我觉得他们全部都死于绝望。"

柯林斯在对商界的研究中发现，那些一流公司的高管们也一致表达了与斯托克代尔同样的观点：复原力强的人对事关生死的现实有着格外清醒的认识，他们不回避、不怨天尤人。面对困境，总是保持基于现实的乐观、实事求是的态度。这并不是说乐观主义无足轻重，例如，让垂头丧气的销售队伍重新唤起精神，给大家制造一些期待，乐观主义就十分有效。但对于更大的挑战而言，对现实持有冷静甚至悲观的态度更为重要。

第二，寻找生活的意义。

当困难来袭时，不要将自己视为受害者而抱怨："为什么是我？"相反，你应该从困苦中发现意义与启示，让自己和他人从中受益。寻找生活的意义，可以帮助我们在困顿的今日与美好的未来之间架起桥梁，这也会让眼前的日子不再那么难过。奥地利精神病学家维克多·弗兰克尔完美地阐明了这一观点。作为一名奥斯威辛集中营的幸存者，弗兰克尔在那段苦难的岁月中发明了富有影响力的"意义疗法"。

在《活出生命的意义》（*Man's Search for Meaning*）一书中，弗兰克尔讲述了促使他在集中营里发明"意义疗法"的关键时刻。一天，在去上工的路上他发起愁来：要不要用最后一根香烟换一碗汤。他突然意识到，自己的生活已变得如此琐碎无聊，不禁升起一阵厌恶之情。他意识到，要活下去就必须找到人生意义。于是，他开始想象战争已经结束，自己会向大家进行关于集中营内心理问题的演讲。尽管他当时并不能肯定自己能活着出去，但还是设立了一些具体目标。由于有了具体目标，他成功地承受住了当时的艰难困苦。

第三，灵活变通。

尽可能利用身边一切资源应对困境。当灾难来袭时，发挥你的创造力。你要充分发挥现有资源的作用，将之用于其他人没有想到的用途。例如，在集中营里，复原力强的人一发现绳子或电线就会装到自己口袋里。这些绳子或电线说不定什么时候就能派上用场，比如用来修补鞋子——在寒冬里，这可能关系到一个人的生死。

复原力是一种人类进化出来的本能反应，一种正视和了解世界的方式，它深深地存在于我们的大脑和精神中。复原力强的人能顽强面对现实，在困难中看到生活的意义，而不是绝望地哭喊；他们还能在其他人无法做到时，利用已有条件化解困难。这就是复原力的本质，也是我们永远探究不尽的话题。

中国历史上有很多关于复原力的故事，例如，越王勾践的"卧薪尝胆"、司马迁忍辱狱中写《史记》、邓小平的"三落三起"等。2000多年前，伟大的思想家孟子说："天将降大任于斯人也，必先苦其心志，劳其筋骨，饿其体肤，空乏其身，行拂乱其所为，所以动心忍性，曾益其所不能。"这段话曾经激励了千千万万的中国人，也曾经激励我在挫折中坚信工作的意义，从而坚持不懈。

20 逆转力
雷军如何逆转手机战局

从企业生命周期来看，一个企业从来不会一帆风顺。即使是最伟大的企业，也有从巅峰跌至低谷的时候，历史上的 IBM、苹果公司、柯达公司都曾有过几近破产的时刻。伟大企业都是经历多个经济周期和行业周期仍能够活下来的强者。

所谓逆转力，是指当企业面临重大业绩滑坡的时候，领导者能够临危不乱、掌控局面、止住下滑、实现重振的能力。

小米公司是中国 2010 年以来发展最快的黑马之一，两年半的时间做到手机销量第一，后来又突然遭遇业绩大幅度下滑，2016 年全年出货量仅 4150 万部，同比下滑 36%，在中国智能手机市场的市场份额从 15.1% 下降到 8.9%，出货量排名从 2015 年的销量冠军跌出前五。有评论说："世界上没有任何一家手机公司在销售下滑后，能够成功逆转，小米前途堪忧。"

尽管有很多业界和媒体人不看好小米，我自己当时对小米和雷军的长远发展是看好的，因为雷军这个时候才 45 岁，任正非在 20 世纪 80 年代刚刚创业的时候，大概也就这个年纪。雷军和小米的基础和他们当时相比要好得太多了。

在这样的逆境之下，创始人雷军是如何力挽狂澜、重振小米的呢？2017 年 8 月 17 日，雷军在他的个人微信公众号上发表了一篇文章《小米如何成功逆转》，文章详细分享了小米的商业模式、价值观、在过去遇到了哪些困难，以及在 2017 年如何成功

实现逆转。他的逆转领导力和管理大师拉姆·查兰的一本书《逆转力》中描述的有很多相似之处,我们结合起来和大家分享:

雷军2010年拿着3000万进入了全球竞争最激烈的手机行业。当时,中国市场上有300多个玩家,到现在活下来的只有20多家。他看到的机会和用户痛点是,当时的国产手机不够好、价格很贵。因此,小米进行了产品创新和商业模式创新。只用了两年半,小米就干到手机市场第一名,这个奇迹让雷军自己都难以相信。但是,2015年之后,小米连续几个季度业绩大幅度下滑,全球出货量跌出了前五,负面报道很多,出现了前面提到的状况。

小米到底遇到了哪些主要困难呢?雷军总结出三个困难:第一个困难是线上市场遭遇恶性低价竞争,一些同行在手机市场赔钱恶性竞争。第二个困难是商业模式问题,也是最严重的问题。小米主要做线上销售,但错过了中国最基层的县乡市场的线下换机大潮。实际上,电商只占商品零售总额的10%,90%的人买东西还是在线下买。第三个困难是高速成长带来的管理挑战。公司从10多个人增长到超过1万人,出现了很多管理问题,他感慨说:"天呐,到处漏水。"

为什么手机销量下滑以后很难逆转?这和行业有关系。手机生意很复杂,是供应链全球高度整合的行业,上游高度垄断，技术迭代又非常快，需要很多合作伙伴共同努力才能获得成功；还涉及巨大的现金流和库存，订货需要提前4个月，库存周转要求很高。如果大家不看好你，给你的支持就会减少，稍有不慎就是万丈深渊。

雷军认为逆转的关键是四个字：守正出奇。就是苦练基本功，然后再寻找机会出奇制胜。雷军提出了逆转的解决办法：

第一是补课，苦练管理基本功。组织结构对标行业标杆，因为每个行业都有自身的规律。行业中领先的公司在一次次组织优化中都找到了最优解，小米要尊重行业规律，向同行学习。

第二是在业务管理上，最核心的是要意识到手机工业的复杂度，小米需要产供销一体化。

第三是聚焦于创新、质量和交付三个龙头命题，带动其他数百个问题的解决，尤其是核心技术创新与商业模式创新。通过这些方法和艰苦的努力，到了2017年第二季度，小米手机出货2316万部，环比增长70%，重返世界前五，又创造了一个奇迹，基本实现了逆转。

雷军认为，逆转的核心是要分清楚优势和劣势，重点抓住劣势。小米放弃了KPI和销量，全力夯实基础，保证公司健康运营。这一点和2019年王兴在美团内部强调的类似："我们要通过苦练基本功，把它内化成为我们组织的能力。把基本功练扎实，我们就能赢99%的事情。"

雷军的逆境领导力和管理大师拉姆·查兰在《逆转力》一书中提到的九个关键点有很多相似之处，这九个关键点分别是：**领导者的六个特质，领导者要勇于做出艰难决策，营销部门要密切关注和掌握市场的一线信息，财务方面要以现金为王，运营部门要精细高效，研发创新要聚焦重点，供应链体系要齐心协力，人力资源系统要精干高效，董事会要做对关键决策**。这九个点缺一不可。其实从雷军的文章中，我们可以看到，小米在很多方面做得是很好的。

这里重点介绍第一条——领导者的六个特质：

第一个是**诚实可靠**，要及时告诉大家公司面临的真实困难，赢得员工、客户、供应商、投资人等利益相关者的理解、信任和支持；

第二个是**激励斗志**，要在逆境中激发大家奋斗的意愿；

第三个是**及时收集一线动态**，要实事求是；

第四个是**基于现实的乐观**，既要面对现实的残酷，又要认识到真正无法解决的问题是极少的，要鼓舞员工专注于一个充满希望的未来；

第五个是**加强管理**，亲自参与到一线的管理工作中，让团队感受到你的温度和力度，就像雷军讲到的，苦练管理基本功，建立快速行动的组织。

第六个是**要展现出必胜的勇气和信心**，相信相信的力量。

从小米的案例中可以看出，以上这六个有关逆转力的领导特质，在雷军打赢这场逆转战疫中都得到了充分体现。

结语

本章的主题是"领导能力",是一位领导者前瞻未来、聚焦自律、学习成长和坚忍不拔的能力。本章聚焦于领导者的五个基础能力即前瞻力、自控力、自学力、复原力、逆转力,得到的重要启示是:

- 前瞻力是领导者做出正确决策、抓住战略机会的基础,是战略思维的核心组成部分,在VUCA的世界对于创新创业者尤其重要。王兴多次创业并多次选准机会的案例启示我们,培养前瞻力需要有远大的抱负、宽广的视野、行业的深耕、丰富的经历及快速的学习能力。

- 自控力和延迟满足让我们能够聚焦、有定力、不分心,斯坦福的棉花糖实验和《自控力》一书告诉我们,成功要秉承长期主义、行稳致远、滴水穿石,可以通过把手机放到另外一个房间、番茄时钟管理方法、正念冥想等增强自己的自控力。

- 自学力是信息爆炸和不确定时代的高效学习之道。马斯克横跨多个领域自学成才的故事和《如何高效学习》提出的整体性学习法可以帮助你提高自学效果,建立知识结构、模型和高速公路,快速整合各种知识,学以致用。

- 在充满不确定性和挑战的时代,复原力对于领导者越来越重要。麦肯锡前董事长鲍达民在清华大学的演讲中说:"复原力是你在前进途中对抗冲击和失败的恢复能力。"它是坚韧和逆境商，是一个人强大的心理资本，是内心强大的重要标志。你可以从直面现实、寻找生活的意义、灵活变通三个方面来提升。

- 逆转力是一种组织的重振能力，是区分伟大组织和平庸组织的关键能力。小米创始人雷军的分享和拉姆·查兰在《逆转力》一书中提出的九个关键点可以帮助你提升自己的逆转力。

第 5 章

领导行为

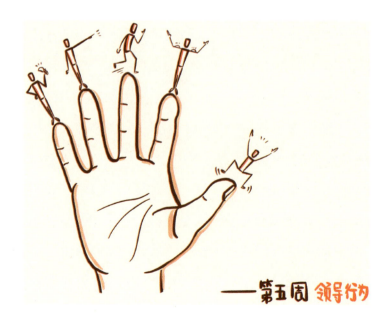

导言

> 行胜于言。
>
> ——清华大学校风

> 领导者的行为是影响员工敬业度最主要的因素。
>
> ——库泽斯、波斯纳《领导力》

领导力本质上是一种潜能，并不能直接产生结果，只有领导行为才能产生结果。我们常说，领导者要有担当，这个担当就是关键时刻挺身而出的行为。领导力发展的关键是要培养和激发人们的领导行为。

本章的学习主题是卓越领导者的五种习惯行为，源自畅销全球30年、影响数百万领导者的经典书籍《领导力》。两位作者库泽斯和波斯纳从1982年开始这样一项研究：当一个领导者处于最佳领导状态的时候，他做了什么？通过对数万名领导者的研究，他们总结出了卓越领导者的五种习惯行为模型，并开发出"领越®领导力"培训课程和领导者的五项行为的360度测评工具。"领越®领导力"是清华大学MBA2011和2012级入学的第一课。作为《领导力》第5版、第6版的译者和领越®领导力高级认证导师,我在过去10年见证了五种习惯行为模型带给企业管理人员的巨大变化。

卓越领导者的五种习惯行为是:以身作则、共启愿景、挑战现状、使众人行、激励人心。

- **以身作则我是谁**:领导者是大家的行为榜样,这是领导的起点和基石。领导力由内而外,领导者首先要领导自我、自强不息,这就需要澄清自己的领导哲学,尤其是价值观,做到言行一致、知行合一、真诚领导,来回答追随者最关心的问题"你是谁你要带我们去哪里如何去",并树立榜样、建立信誉,才能真正影响和带动他人一起践行组织的价值观。

- **共启愿景去哪里**:领导者要带领大家展望未来、激发梦想,找到激动人心和富有吸引力的奋斗目标,生动描绘那个成功的画面,让团队成员的梦想可以在组织的大梦想中得以实现,让大家心驰神往、全情投入,形成强烈的共识和共鸣。

- **挑战现状怎么去**:领导者要带领大家主动寻找创新和变革的机会,用成长型思维打破思维的藩篱,寻求突破,冲破旧有的观念、制度、惯例和行为等约束,开放思维、勇敢创新、鼓励冒险,积小胜为大胜,带领大家在错误和失败中学习与成长。

- **使众人行一起去**:领导者要充分调动每个人的主动性、归属感、参与感和合作意愿,通过加深信任、增进关系、团结合作、平等参与、授权赋能、提高自信、坦诚沟通、分享信息、分享权力、分享利益,打造一个利益共同体、事业共同体和命运共同体。
- **激励人心快乐去**：领导者要带领大家通过多种富有创造性的激励方式认可、表彰有显著贡献和进步的人，就像一支球队的拉拉队长一样，为他们点赞、鼓掌、助威，激励大家克服前进中的困难、挫折和失败带来的心理压力，持续保持强烈的工作意愿和激情，营造一个乐观向上、鼓舞人心的氛围。

21 以身作则
如何做到言行一致，成为他人的榜样

以身作则是领导者五种习惯行为的第一种，也是最重要的一种，是领导力的基石。子曰："其身正，不令而行；其身不正，虽令不从。"以身作则自古就是中华民族对于领导者的行为要求。在《领导力》一书中，以身作则是指领导者要首先明确自己的价值观，找到自己的声音，使行动和共同的价值观一致，为他人树立榜样，这样才能赢得他人的信任和追随。

我们首先来分享一个华为创始人任正非先生的小故事：

有一次，全球领先的投资银行摩根士丹利的首席经济学家斯蒂芬·罗奇带领机构投资者代表团造访华为，任正非委派常务副总裁费敏接待。后来，罗奇失望地说："我们能为他带来30亿美元的投资，他竟然不见我们。"任正非解释说："不论公司多小，如果是客户，我都会接待，但罗奇不是客户。"从这个案例当中我们可以看到，任正非是在身体力行地践行"以客户为中心"的

价值观。在客户和投资者两者中,他优先把时间给了客户。在华为 30 多年的发展中,任正非一直是践行公司使命、愿景和价值观的榜样,这在《下一个倒下的会不会是华为》一书中有很多生动的例子。

那么,作为领导者,如何通过明确和践行价值观来做到"以身作则"呢?下面介绍两点,并结合任正非的案例进行说明。

第一,要明确自己的价值观,找到自己的声音。价值观是你在工作中做人做事的基本原则和理念,它表明了什么在你的心目中最重要,什么指导你每天的决策和行动,你的言谈举止说明你是怎样的一个人,你看重什么,在利益冲突前你会做出怎样的选择。

华为顾问吴春波教授曾经写过一篇文章《华为核心价值观的演变》。华为从 1996 年到 1998 年,花了 3 年时间,形成了《华为基本法》,提出了七条核心价值观。2001 年 7 月,公司内刊《华为人》上有一篇文章,题目为《为客户服务是华为存在的理由》,任正非审稿时将其改成《为客户服务是华为存在的唯一理由》,加上了"唯一"两个字,可见他对"以客户为中心"的高度重视。到了 2008 年,任正非正式提出了**"以客户为中心,以奋斗者为本,长期艰苦奋斗"**的核心价值观,成为 18 万华为人的共同价值观。

第二,使行动与共同价值观保持一致,为他人树立榜样。库泽斯和波斯纳的领导力第一法则是:如果你不信任提供信息的人,你就不会相信他提供的信息。领导力是一组习惯行为,领导者的行为影响员工的行为。作为领导者，你总是站在舞台中央，大家都看着你、谈论你、模仿你。你要充分利用各种机会为大家做一个践行价值观的好榜样。大家很关注你使用什么语言、提出什么问题；你把时间和资源投在什么事情上面；如果发生冲突，你会做出怎样的选择；你是否能够按照你说的去做；你是否关注从追随者那里获得反馈，了解自己是否做到了言行一致。

在践行共同价值观方面，任正非总是率先垂范，我们再来看两个小例子。在华为2010年的一次会议上，任正非指出："在华为，坚决提拔那些眼睛盯着客户、屁股对着老板的员工；坚决淘汰那些眼睛盯着老板、屁股对着客户的干部。"

2016年，有一张刷屏的照片，是72岁的任正非深夜在上海机场出租车候车处排队的照片。我后来和华为的朋友核实，这是事实。任正非无论是出差还是度假，都不会通知所在地公司的负责人，而是下飞机后，自己乘出租车直奔目的地。华为高管大多也如此。他多次发出警告："如果领导一出差，下面就精心安排，那还有多少心思用在客户身上！"

这两个故事依然是践行"以客户为中心"的价值观的绝佳案例。

同时，作为领导者，你还要确保追随者的行为与共同价值观保持一致，你还要教育他们如何树立榜样。20世纪90年代末，为了确保《华为基本法》入心入脑，华为公司每周休息一天，大家周六上午要到公司学习。任正非在年终给干部布置的作业就是回家学《华为基本法》，回来时交流学习心得。

从任正非的案例可以看出，他是真正践行华为公司使命、愿景、价值观的榜样。

22 共启愿景
如何通过两招点燃他人的梦想

卓越领导者的第二种习惯行为是共启愿景。几年前，我曾经带领一个企业的高管团队去井冈山学习，多次感受到毛主席特别善于"共启愿景"。当你认真践行上一节的"以身作则"，让大家了解了你是谁，并赢得了大家对你的信任和追随之后，大家就会提出第二个问题：**你要带我们去哪里？**

共启愿景就是要带领大家展望未来，想象令人激动的、崇高的各种可能，描绘共同的愿景，感召他人为共同的愿望奋斗。这种领导行为对于激发团队的奋斗激情非常重要，但在针对全球百万领导者五种习惯行为的 LPI360 度测评中，这一项的得分又是最低的，只有企业家的这项得分排在第一或者第二。

我们还是先来看一个案例。有一次，我给一家互联网公司的管理团队上领导力课程，一位总监在课堂上分享说："当年公司刚刚创立不久，有一次老板对我们说 3 年之后要上市，我们都不相信。后来，公司真的上市了。现在，他又在年会上定下 2022 年实现收入千亿元人民币、市值千亿美元的目标。尽管这个目标非常有挑战性，但我们还是相信我们能够达成。"

这家公司就是 58 集团，由创始人姚劲波在 2005 年创立，

2013年在美国纽约证券交易所上市，是中国成长最快的互联网公司之一。

我后来找到了姚劲波2017年在58集团年会上的演讲，关于58集团的愿景，他说："回归到我们的愿景，我们要做人人信赖的生活服务平台，为尽量多的用户提供条件允许下最优的体验。今天的58服务着一两百万的商户，我相信会有一千万商户愿意使用我们的服务。每个商户向我们付一万块钱，我们将实现一千亿的收入。4年前年收入是几亿时我提5年做到一百亿，当时提的时候我自己也没底，但实际上提前了一年实现百亿目标。实现一千亿，我算了一下希望是6年完成，也就是2022年。我们希望为一千万的中小企业量身定做标准服务，能够让它们更好地面对移动互联网带来的挑战。注意，我这里提的一千亿不是GMV，而是我们take rate以后的净收入，也许需要五万亿的平台线上线下促进的交易GMV，房、车、招聘、二手、服务，我们的目标市场足够支撑。"

愿景，或者梦想为什么特别重要呢？

在领越®领导力课程的"受人尊敬的领导者的七个特质"测试中，来自全球数十万份调查显示，"有前瞻性"排在第二位。也就是在追随者最看重的品质中，"有前瞻性"是第二重要。愿景和目标在本质上是相通的，是一张纸的两面，例如，你的愿景是登上泰山顶、一览众山小，那么，要登上泰山的6300多级台阶，就是你一个个分解的目标。愿景可以看成是长远目标实现之后的那个成功画面，是最吸引人、打动人的。

库泽斯和波斯纳的大数据研究表明,那些给领导者"共启愿景"评分排在前10%的下属,与后10%的下属相比较,认为领导是卓有成效的比例,前者是后者的13倍之多。换句话说,在"共启愿景"方面做得好的领导者和做得差的领导者,他们对员工敬业度的影响差别达到13倍以上。这是一个巨大的差距,对员工敬业度的影响完全不在一个量级上。

拿破仑说:"领袖就是经营希望的人。"你也要成为经营梦想、经营希望的人,共启愿景的最大作用是号召人们面向未来、聚焦能量、激发斗志。

那么,如何才能更好地为员工"共启愿景"呢?这里介绍两个方法,供你来参考学习。

第一是描绘愿景。

你想要让每个成员都看清前方的目标和道路,就必须向人们描绘和传递一个激动人心的、崇高的未来愿景。让他们看到成功之后的美好画面。我记得有一次在给一家大企业做培训的时候,有一位地产公司的老总说,多年前,他的一位领导曾经给他们描绘未来愿景,其中有一句生动的话,叫"大战三年,成捆拿钱"。这句话让很多人印象深刻。

要描绘愿景,你需要回顾过去,深入探究你真正最关心的是什么。我们在课堂上有一个练习,就是请你回顾,从你出生到现在,对你影响最大的十件事情,帮助你从这些事情当中看到,它们是怎样塑造了你今天的性格、价值观、思维方式和行为方式。它们也将在很大程度上,影响和决定着你未来的使命、愿景和价值观。

要描绘愿景，你还要倾听团队成员的声音，了解他们的希望、梦想和抱负，以及他们所关心的未来利益是什么。把他们的梦想和利益包容进来，才能够赢得他们的参与和投入。

第二是感召他人。

就是让大家感受到共同愿景当中的重大意义，感受到我们是在做一件有利于客户、有利于社会和能够改变世界的事情。在20世纪80年代初，当时的苹果公司还很小，知名度不高，乔布斯为了说服百事可乐的总裁约翰·斯卡利到苹果公司工作，说出了这样一句激励人心的话：**"你是想一辈子卖糖水，还是想和我一起改变世界。"** 这句话极富感召力，最终打动了斯卡利。

你还要宣传公司的独特性和与众不同的价值，让大家为自己的工作感到骄傲与自豪。要让愿景能持续激励人心，它必须是引人瞩目的、令人难以忘怀的。所以，你还要为愿景注入活力，让愿景鲜活起来。你要运用各种方式让抽象的愿景更加具体、生动，可以通过使用隐喻、象征性语言、图画、音乐等形式，激发大家的激情和兴奋感。

例如，全球著名购物平台亚马逊中国的愿景是：希望中国的消费者无论身处何地，都可以便捷地买到来自全球的高品质的正品商品。

当然，作为领导者，你自己首先要相信这个愿景，相信相信的力量，并为之兴奋和投入，才能够真正打动他人。

法国飞行家、作家安东尼·德·圣-埃克苏佩里在《小王子》

中有这样一段话，给我们共启愿景带来很好的启发："如果你想造一艘船，不要鼓励人们去伐木、去分配工作、去发号施令，你应该做的是，教会人们去渴望大海的宽广无边和高深莫测。"

23 挑战现状
如何寻找机会打破困局

卓越领导者的第三种习惯行为是挑战现状。当你践行了"以身作则"和"共启愿景"，赢得了大家的追随，也明确了共同的愿景之后，大家就会提出第三个问题：我们怎样去实现这个美好的愿景呢？这就需要通过掌握主动和从外部获取创新方法来寻找改进的机会，进行尝试和冒险，不断取得小的成功，从实践中学习和成长。

在这个快速变化的新时代，企业需要不断地捕捉新机遇，推动创新和变革，实现企业的不断革新和迭代。

我们首先分享一个华为变革的案例：1997年圣诞节前一周，华为创始人任正非带队考察了休斯、朗讯和惠普3家世界级企业之后，又重点考察了IBM这家号称是"美国的国家名片"的伟大企业。虽然已经临近圣诞节，IBM的传奇董事长兼CEO郭士纳还是亲自接待了任正非一行。IBM的高管用了一整天时间，真诚而系统地向华为的员工介绍了IBM的管理体系，包括从产品预研到项目管理、从生产流程到项目寿命终结的投资评审等一整套的管理体系。

IBM 的有效管理和快速反应让任正非大开眼界，也带来了巨大的冲击。通过对标世界级企业，任正非对当时华为自身存在的严重缺陷，以及如何在快速扩张过程中解决管理不善、效率低下和浪费严重的问题有了全新的认识。

访谈结束之后，他们并没有立刻回国，而是在硅谷的一家小旅馆里，点燃壁炉，闭门三天，认真地消化吸收。最后，任正非得出了一个关键的结论："我们只有认真向这些大公司学习，才会使自己少走弯路、少交学费。IBM 是付出数十亿美元的直接代价总结出来的，他们经历的痛苦是人类的宝贵财富。"

从此，华为开启了长达 10 多年、花费十多亿美元向 IBM 学习的历程，这也是华为成长为世界级企业的脱胎换骨的变革历程。

任正非在《一江春水向东流》一文的结尾说："死亡是会到来的，这是历史规律，我们的责任是应不断延长我们的生命。"华为高级顾问田涛在《熵减：华为活力之源》的推荐序中写道："华为到 2017 年有 30 年了，那么未来的 30 年，就是河西的 30 年，华为走向平庸式衰败或者急剧式死亡，也是不意外的。所以，无视过往的成功，无视过往的胜利，不断与组织病变、组织熵增做斗争，是公司高层领导者群体必须常有的危机意识。变革是让组织延缓衰老、保持青春的唯一选择。"

那么，有什么科学和系统的方法来指导"挑战现状"呢？库泽斯和波斯纳两位大师总结了"挑战现状"的两个方法，我们结合华为的变革一起来学习。

第一，通过掌握主动和从外部获取创新方法来寻找改进的机会。 从上面的案例可以看到，任正非是在访问美国伟大企业的过程中，主动从外部寻找变革的机会，找到学习的标杆，请来咨询和传授，实现了从游击队到正规军的转型。

作为领导，你要掌握变革的主动权，就需要开放思维、主动观察，从外部捕捉机会，获取新想法、新思维、新资源。

你需要有前瞻性，不断地采取新行动。要使自己和追随者避免陷入虚假的安全感，就必须要有危机感。你需要更多地专注于从未做过的事情，而不是专注于日常的运营。要深刻地认识到，绝大多数时候，创新的想法不是来自内部，而是来自外部，尤其是来自那些挑剔的客户。你要善于发现好想法、鼓励好想法，允许大家提出合理的建议。

同时，还要经常问自己这样一些问题："未来的趋势是什么？我们接下来做什么？做什么会更好？"例如，美团点评 CEO 王兴提出了著名的"互联网的下半场"论断，引导大家去关注互联网下半场的机会。

第二，进行尝试和冒险，不断取得小小的成功，从实践中学习。 在这方面，华为是如何做的呢？1998 年，华为对外宣布将成为世界一流的设备供应商。8 月 10 日，华为在上百位副总裁和总监级以上的干部参加的管理会议上宣布，华为与 IBM 合作的项目正式启动，内容包括华为未来 3~5 年向世界级企业转型所需的 IPD、财务四统一等 8 个管理变革项目。

1998 年 8 月 29 日，第一批 50 多位来自 IBM 的顾问进驻华为，一场持续10多年的全面学习IBM的管理变革拉开了大幕。

在这个过程中，有不少人质疑、反对，也有很多不适应的问题。但任正非总是让大家坚信，变革是必经之路，是一条可以取得成功的路，使人们清晰地理解变革的含义和目的，建立起强烈的责任感和参与感。

在《下一个倒下的会不会是华为》这本书中，田涛总结道："变革是一场系统工程，华为的变革就是选择好了变革的切入口，精心规划变革的优先顺序，先从一城一地发动进攻，再借力打力，逐项展开，成功的概率就会大大地增加。华为的六大制度变革是从IPD变革开始，逐步推动到供应链、人力资源管理等领域，直到2007年，才展开了财务系统的变革。"

同时，在变革的过程中，团队要善于学习，要有成长型思维模式，要容得下失败，相信任何人通过努力学习都能得到提升，还需要营造学习的环境，鼓励人人分享成功与失败的经验。

24 使众人行
如何促进团队信任与合作

卓越领导者的第四种行为是使众人行。当你在践行前面三种行为——以身作则、共启愿景、挑战现状——的时候，第四个问题就会出现：如何促进团队成员的相互信任与合作？这就需要建立信任，增进关系，增强大家的自主意识和发展能力。

领导力是一种关系，关系的基础是信任。团队成员之间如何建立起"背对背"的信任,让每一位成员都有安全感、参与感,是协作的关键。有一个研究表明,在美国,被大众信任的上市公司的股价表现是标准普尔500指数的1.8倍,可见信任的溢价很高。

接下来,我们分享一个关于孔子的信任故事,我曾经看过很多遍,但每一次,都会促使我再三地反思,今天我们一起来学习:

> 在著名的《吕氏春秋》里记载了一个故事:孔子周游列国,因兵荒马乱,经常以野菜充饥,非常艰难。有一天,孔子最喜欢的弟子颜回好不容易要到了一些白米来煮饭,饭快煮熟的时候,孔子正巧往厨房看了一眼,却发现颜回掀起了锅盖,抓了一些白饭往嘴里塞。孔子当时装作没看见,也没有询问他。饭煮好后,颜回请孔子吃饭,孔子假装若有所思地说:"我刚才梦到祖先来找我,我想把干净的、还没人吃过的米饭,先拿来祭祀祖先。"颜回顿时慌张地说:"不可以的,这锅饭我已先吃一口了,不可以祭祀祖先了。"孔子问:"为什么?"颜回涨红了脸,惴惴不安地说:"刚才在煮饭时,不小心有一些炭灰掉进了锅里,扔掉又可惜,我就只好把这部分抓起来吃了,我不是故意偷吃米饭的。"颜回是孔子最信任的弟子,但是孔子仍然还是怀疑了他,所以,孔子叹曰:"所信者目也,而目犹不可信;所恃者心也,而心犹不足恃。弟子记之,知人固不易矣。"(大意是:我们应该相信眼睛所看见的,但是眼见未必一定可信;我们应该相信自己的

内心判断，但自己的内心判断也不一定可靠。你们记住，要了解一个人不容易啊）。

从孔子的这个案例，我们可以看见，人与人之间要真正相互了解、建立起绝对的信任是何等的困难。圣人尚且如此，何况我辈！

最近20多年的互联网时代，腾讯公司创业团队的合作是一个成功的典范。2016年10月，腾讯董事会主席兼CEO马化腾对话清华经管学院院长钱颖一，钱院长问了这样一个问题："你刚才说的，最开始的QQ原来是个寻呼机，这段历史对我们学生非常有吸引力。你从程序员开始，变成了创业者、企业家、管理者和领导者，这中间有相当大的跨越。我们都很敬佩好的领导者。比如腾讯最早是5个创始人，基于信任相互合作，合作得非常好，后来你引入了很多职业管理团队，都融合得非常好。我想知道，你个人的领导能力和风格是怎么塑造起来的？"

马化腾说："公司有时候会有争议，我们会听听大家的想法，然后想办法平衡他们的意见。有时候矛盾非常多，往往发展不好的时候矛盾更多，大家意见会不同。说服人我觉得我还有一套，我主要听你讲，然后我引导大家，让他觉得主意是他出的。因为有的时候管理上确实需要这样，我的风格不是强势的，也不是一言堂，反正是互相商量。你可以问为什么不能这样，是不是这样更好？他说'也对'，很快就自己开始往下推了。那么，'对，好，这个方向你来做'。后来腾讯的风格也是这样，比较民主一点，比较多元化一点，让不同的声音出来，我觉得这是好事情。"

信任是合作的基础。美国有一本非常流行的书叫《信任的速度》，其作者史蒂芬·M. R. 柯维认为，我们所处的时代是一个极度缺乏信任的时代，不管是对政府、企业，还是对个人的人际与职场关系而言。我们今天的经济危机、全球冲突、战争等，根本原因都是彼此之间缺乏信任。那么，怎样才能够又快又好地增进团队的信任与合作呢？《领导力》这本书介绍了两个方法。

第一，通过建立信任和增进关系来促进协作。

首先要让团队成员认识到我们是一个团队，彼此都需要对方的信任与合作才能获得成功。

如何增强信任与合作呢？很多公司选择室外的拓展训练，通过背摔等项目来增进团队成员彼此"背对背"的信任。有一次，我在中央电视台看到某特种兵连的训练项目，印象非常深刻。这是一个叫作"炸药包传递"的训练项目，需要6位队员合作，连长刘珪带领5位队员传递一个导火索已被点燃的炸药包，且必须在爆炸前1秒将其抛入一个深坑，否则最后一位队员就会有生命危险。每一次训练，连长刘珪就站最后一个位置，也就是最危险的位置。当看到刘珪镇定自如地把炸药包扔进深坑，然后和大家一起转身卧倒的时候，大家深切感受到了彼此的信任与合作。军人要上战场打仗，就必须要在平时培养起"背对背"的信任。此外，作为领导者，你需要先信任对方，对方才会信任你，信任是相互的，是可以传递的，也是可以在互动中一次次增强或者减弱的。领导者还要勇于暴露自己"脆弱"的一面，让团队成员感受到自己的真诚和信任。

第二，通过增强自主意识和发展能力来增强他人的实力。

高绩效团队需要人人自主参与，人人胜任担当。

你可以从这三个方面增强他人的实力：① 适当地授权，根据下属的成熟度进行恰当地授权，让他成为任务的主人；② 及时分享和沟通相关信息，增强大家的知情权，建立共识和共鸣；③ 提升能力和信心，辅导下属胜任工作，相信他们的责任心和能力，领导者的职责就是要培养下属成长，一个好的团队一定是人才辈出的团队。在通用电气公司，经理人员一般要拿出 20% 以上的时间对下属进行培养和辅导。

例如，我们有一次去海底捞火锅店过生日，我们正在吃火锅聊天，服务员突然端来一碗长寿面，里面还有两个鸡蛋，祝寿星生日快乐。我问服务员，你是怎么知道有人过生日的。他说是从我们的聊天过程中听到的，然后他就告诉厨房煮了这碗长寿面。这件事不需要和店长请示，这是他授权范围之内的，海底捞的员工可以自主决定是否给顾客赠送果盘、小吃，或者是适当的折扣，而不需要事事请示领导。这是他们公司制定的授权制度，每个人都可以在授权范围内做出决定。

海底捞创始人张勇在一次演讲中说："在财务上，我充分授权，没有资金需要我审批，财务总监就是最后一道坎。用人不疑，疑人不用，这是我的原则。在海底捞公司，从管理层到普通员工，都拥有超过一般餐饮店员工所能得到的权力：200 万以下的开支，副总可以签字；100 万以下的开支，大区经理可以审批；30 万元以下的开支，各个分店的店长就可以做主。普通的一线员工也有一定权限：他们可以赠送水果盘或者零食；如果客人提出不满，他们还可以直接打折，甚至免单。"

一旦团队成员感受到足够的信任和充分的授权赋能，他们就会自觉自愿地投入工作之中，做工作的主人。

25 激励人心
如何激发员工的斗志

《追求卓越》的作者、管理大师汤姆·彼得斯说："领导就是激励。"

卓越领导者的第五种行为是激励人心。当你在践行以身作则、共启愿景、挑战现状、使众人行的时候，第五个问题就是：如何让大家更加自愿和快乐地持续投入工作？这就需要你对他们的卓越表现进行有效的认可与表彰，创造一种集体庆祝的氛围来鼓舞大家。从某种意义上讲，你就是要做团队的"啦啦队长"。

我们首先来看一个案例。2014 年 6 月，我去美国奥兰多参加美国人力资源管理协会的年会，主讲嘉宾是全球最大的餐饮集团百胜餐饮集团的 CEO 大卫·诺瓦克，他做了一个与众不同、鼓舞人心的主题演讲，我还在万人之中用手机拍下了他手里拿着一只橡皮小鸡的有趣照片。

你可能不知道百胜餐饮集团，但你一定知道肯德基、必胜客和塔可贝尔，这些品牌都是它的子品牌。百胜餐饮集团是全球最大的连锁餐饮集团。

诺瓦克和大多数美国大企业的 CEO 不同,他没上过商学院,也没拿过 MBA 文凭,他靠的是自己极强的适应能力和沟通能力。当他刚当上肯德基总裁时,销售业绩不断下滑,员工士气很低落。他迫切地感到需要一种特殊的方法来逆转这种下滑的局面。

他说,有一天,他突然想起了他在百事可乐工作时学到的一个有效方法,就是创造一种有趣的表扬他人的方法。每一次,当他听说哪个人应该得到表扬,他就会给那人一个签上自己名字、带有编号的橡皮小鸡,以及 100 美元的个人奖励。并且,颁奖流程也是别出心裁,他会与每一位获奖者合影,把照片寄给他们,并把合影照片贴在他的董事长办公室墙上。由于他表彰的次数实在太多,他的办公室从墙壁到天花板都贴满了照片。用他自己的话说:"人们喜欢来我的办公室,我希望他们看到这家企业最重要的东西,就是人。"

也许是由于这个认可他人的方式太过独特,大家都很喜欢这种认可。就是这样一个小小的橡皮小鸡和合影,把员工感动得泪流满面。这种方式带来的欢笑和泪水,从情感上激发了大家,员工们的悲观情绪得到了扭转,公司的满意度也不断提高,公司从此进入新的增长期。此后 10 年,公司股票市值年均增长率达到 16% 以上。2012 年,《首席执行官》杂志将诺瓦克评为"2012 年度最佳 CEO"。

从这个案例,我们看到了激励人心的力量。认可、表彰和庆祝具有极强的情绪传染性,可以极大地振奋逆境和低谷中的团队士气,激发出惊人的情绪潜能和合作精神。

那么，我们可以从哪些方面来做好"激励人心"呢？下面提供两个方法。

第一，通过表彰个人的卓越表现来认可他人的贡献。

在现实中，很多管理者经常抱怨说没有激励手段："我又不能给员工涨工资和晋升，我怎么去激励他们呢？"当然，涨工资和晋升是非常重要的激励，但它们的作用是有限的，而且它们的边际效应也是递减的。

我们从诺瓦克的案例中看到，他的一个理念就是：不断表彰那些实现了目标的人，让他们为自己的业绩感到自豪，感觉自己像个英雄。这是员工自尊和自我实现的内在需求。

领导者是经营希望的人，要给团队成员鼓舞加油，注入心灵的氧气。认可他人是领导者最有力的工具，这不需要任何成本。认可是一种积极的反馈，会强化员工的积极行为，也会感染周围的同事。

对员工的认可不仅停留在完成业绩上面，还包括为那些为愿景和价值观做出贡献的人点赞。表达认可的方式可以更加个性化和戏剧化，使其富有意义感、情感和感染力。

第二，让庆祝变成一种文化，大家一起来庆祝。

诺瓦克认为，表扬是一种文化，它在百胜文化中居于核心地位。他不仅自己为员工颁奖庆祝，还要求各级经理人员、各个餐厅通过公开的、集体参与的形式来庆祝大家所取得的成就。集体庆祝可以促进团队成员的情感交流，增强大家对公司的认同度和归属感，激发大家的热情和快乐的情绪，体会到团队合作的乐趣。

作为领导者，你还要讲述公司中那些取得非凡成就的人的故事，号召大家向他们学习，并通过报纸、电视、橱窗、新媒体等各种形式，宣传他们的事迹。

我在领导力课堂上经常运用一个简单的激励人心的方法，就是把全班同学分为两个小组，面对面地进行一对一的认可，每人说30秒，然后换下一个人，一般持续15分钟左右。每一次练习都是一个情绪爆发的高潮，经常有人在听到对方的认可之后，眼眶湿润甚至是泪流满面。他们在这15分钟听到的认可，比过去15年还要多。自己强烈感受到了认可的力量，在回到工作岗位之后，就会提高对他人的认可。

结语

行为产生结果，行为影响行为。卓越领导者必须充分展现五种习惯行为，才能带领团队成就卓越。领导力的关键是"力"，即领导者的行为高度、速度、强度、精度、熟练度。卓越领导者的五种习惯行为要充分展现在每一天、每一个关键时刻——以身作则、共启愿景、挑战现状、使众人行、激励人心。

- 以身作则是通过明确和澄清自己的价值观，找到自己独特的声音和表达方式，使行动和共同的价值观保持一致，为他人树立榜样，赢得大家的信任和追随，带动大家主动积极地践行价值观。华为创始人任正非先生的案例充分展现了"以身作则"的力量。

- 共启愿景是前瞻未来、经营希望、激发追求。你要和大家一起讨论那个大家梦寐以求的成功画面是什么，让每个人都看见那个成功画面中的自己，感召大家为共同的愿景去奋斗。58集团 CEO 姚劲波为团队描绘的未来成功画面极富感召力。

- 挑战现状是在快速变化的时代掌握主动、抓住机会，带领大家尝试和冒险，不断取得小小的成功，从实践中学习和成长，实现与时俱进的变革和创新。华为在学习 IBM 的 20 多年中，不断挑战、变革和创新，才逐渐迈向卓越。

- 使众人行是通过建立信任和增进关系来促进合作。你要通过增强自主意识和发展能力来增强他人的实力，提高大家的归属感、参与感与合作意愿。孔子的故事和《领导力》中的两个方法，能指导我们更好地践行"使众人行"。

- 激励人心是通过表彰他人的卓越表现来认可他人的卓越贡献。你要让庆祝成为一种文化，就像足球场上的啦啦队，总是给人以鼓舞，让人进入自己的最佳状态。百胜餐饮董事长诺瓦克的故事和两个方法，能帮助我们更好地践行"激励人心"。

在今天由达尔文的物竞天择理论支配的经济环境下，唯有能够充分发掘成员创造力的团队，才有生存的机会。领导者通过团队展现"伟大"，并协助团队成员展现"伟大"。

——沃伦·本尼斯《七个天才团队的故事》

第三部分

领导团队

在前两个部分中，我们学习了五个主题，分别是成为更好的自己、认识自我（一）、认识自我（二）、领导能力和领导行为，了解和掌握了自我领导的基础。在第三部分中，我们将围绕"3L领导力"的"领导团队"来学习四个主题：组建团队、教练赋能、管理沟通、领导"自由人"，了解和掌握从"Me"到"We"的关键。

如果说"领导自我"是领导力的起点和基石，那么，"领导团队"就是领导力的放大器和试金石。

德鲁克在《21世纪的管理挑战》[一]一书中指出，20世纪管理学最伟大的贡献是将行业工人的生产力提高了50倍，而21世纪管理学的挑战则是如何将知识员工的生产力提高50倍。

㈠ 本书中文版已由机械工业出版社出版。

第6章

组建团队

导言

实现从优秀到卓越的领导者首先是想方设法找到合适的人才（不适合的下车），然后才决定将汽车开向何方。

——吉姆·柯林斯（《从优秀到卓越》《基业长青》作者）

我们最早的团队里头，4位是我的中学或大学同学。我对产品比较在行；张志东绝对是学霸，实践能力很强；陈一丹是政府部门出来的，他虽然技术不强，但是他可以组建团队。关键是用好他们每个人的特长。

——马化腾，2016年10月与清华经管学院院长钱颖一的对话

本章"组建团队"的五个小节内容包括：选人之道、4-D团队、五项障碍、制度管人、优势互补。

26 选人之道
阿里巴巴的人才观

"选对人"是组建团队最重要的前提和基础。2013年我和

《执行》①的作者、管理大师拉姆·查兰在上海香格里拉酒店交流的时候,我问他:"过去40年你给很多CEO做顾问,你认为CEO最重要的能力是什么?"他说:"识人是CEO最重要的能力。"

联想总结自己成功的三要素是:"建班子、定战略、带队伍",其中有两条是关于人的。中化集团董事长宁高宁在他引以为豪的"五步组合论"中提出的第一步,就是选对经理人。企业的方方面面,包括所有制、股权结构、股东价值取向、法人治理结构、公司董事会、企业目标与使命、社会环境等,最终的决策人就是企业负责人。但是企业负责人最大的决策,是根据股东的价值取向和偏好,通过董事会选出经理人。把合适的人选出来,基本上就决定了企业80%的命运。

那么,在企业中,如何更好地选拔合适的优秀人才呢?我们首先来看一个阿里巴巴的案例。

阿里巴巴是中国成功的互联网公司之一,员工数量已经超过20万。阿里巴巴18罗汉创始团队奠定了未来成功的DNA。彭蕾是阿里巴巴18罗汉之一,曾长期担任阿里巴巴集团CPO(首席人才官),主管人力资源工作,她曾多次详细阐述了阿里巴巴的人才观。以下内容节选自彭蕾在湖畔大学课程发表的"阿里人才观"主题内部分享:

> 阿里巴巴需要什么样的人?我们说的"心力、脑力、体力",这是一个框架性的结构,在这个框架下面,我们

---

① 本书中文版已由机械工业出版社出版。

去找到什么样的人来组成和构成什么样的群体,这也是我们每天都在做的事情,后来我们就总结出了4个词、8个字。阿里文化原来一直有句土话,叫"平凡人做非凡事"。但是随着阿里业务越来越复杂,外面的环境越来越有挑战性,我们把这句话改成"非凡人、平凡心,做非凡事"。所谓"非凡人"就是具有"聪明、皮实、乐观、自省"四个特质的人。

1. 聪明

我刚开始说的时候,听上去会觉得特别不客气,好像没有进入到我们视野的人就不聪明,但是后来你客气也没用,就是这样的。今天,环境变化得如此之快,局面变化如此之复杂,大家对于你的期待越来越高,不是说好人不重要,但是聪明人更重要。这个聪明是不是我们理解的聪明呢?我觉得它包括两个方面:智商和情商。

(1)智商。智商是什么?不难理解,就是你今天做这个,你总要有两把刷子。你做娱乐产业、餐饮、O2O、生物产业,你总要有些专业知识,否则你就是瞎掰。

(2)情商。情商也是聪明非常重要的部分,尤其是对于今天在座的同学,或者你们下面的核心团队。有些人说,有些技术人员情商就是低,可我不这样认为……(彭蕾提到了一个人)你平常难得听到他讲两句话,每次一开会他就在那奋笔疾书,他的天灵盖是打开的。

我想说的情商不是说这个人跟别人见面自来熟,所谓的"情商"是他很容易走进别人的内心，去感同身受，他同样是一个很open的人，别人不会觉得他只是颐指气使，这个才是对情商真正重要的理解，不要片面地觉得"情商"就是这个人很会来事。所谓的"情商"是这个人足够开放，足够有来有往，他不会拒人于千里之外，同时他也知道怎样用合适的方式去跟别人建立连接，这种能力是情商的一种。

所以聪明是两个方面：一个是硬的，你的专业得有两把刷子；一个是软的，开放，与人交流，能够互通有无的能力。

2. 皮实

皮实，文雅的词叫"抗击打能力""抗挫折能力"，我觉得"皮实"就很好，意思是经得起折腾。这个折腾是什么？不但要能经得起棒杀，还经得起捧杀，这就叫"皮实"。

回过头来，"皮实"的一个反义词就是"玻璃心"。你团队里有时候也会有这样的人，你话都怕说重了，更不用说让他去做什么样的调整。比如你觉得他不太靠谱，想让他挪个位子，他恨不得就跟你哭天抹泪，这也会让人很头痛。

别人赞扬你也好，或者羞辱你也好，你内心知道你自己是谁，自己内心是很定的，无论是捧你还是打你，外界的状况都不会伤害到你，这才是真正皮实的状态。

对于创业者或者我们组建团队的时候，这个能力蛮重要的。

3. 乐观

乐观也被说到很多，我觉得它是真的特别重要，一个乐观的人和一个悲观的人，对团队价值产生的影响、重要性不言而喻。

如果你每天的生活好像都很平淡无奇，那你活得还有什么劲？有些人，他就总能够在生活中找到新的东西，他总是在折腾。

所以，这个乐观的定义是什么？我们在充分、客观、理性地了解了当下的真实情况之后，仍然充满了好奇心和乐观向上的精神，这才是对于乐观的完整解释，尤其是怎么做好这两者的平衡，是特别有智慧、有方法的，而不是单纯的一个倡导。

4. 自省

我们的老祖宗就说了：吾日三省吾身。

我跟大家分享一个团队的自我反省能力。我们每年做review，就是绩效面谈，我们不是一对一，都是群review的方法。比如我是一个CEO，下面有10个下属，可能半天的时间，我们一起共同做群review。怎么谈呢？比如郑总先讲自己的问题，一年下来有哪些方面做得好，哪些方面做得不好，然后"自残"，"自残"完了再由别人"放枪"。

每个人再给他反馈：我觉得你哪个地方说的是对的，你做得不对的地方是什么，你这一年做得怎么样，你这一年是3.5分还是3.75分，是满足期望，还是超出期望，是达标，还是不达标。

这是一个残酷的过程，我每年都会做，而且我会在这十几人中，当面告诉他你就是3.5分，你就是3.25分，你就是没有满足我的期望。我们一般都会把核心团队控制在十几个人以内，也就是跟我这边直线汇报的。阿里有十几个总裁，他们可能也会用这样的方法。

通过阿里巴巴"人才观"的案例，我们看到，阿里巴巴选人尤其看重"聪明、皮实、乐观、自省"四个特质，这与阿里巴巴快速成长、充满探索和挑战的创业历程是相适应的。在大多数公司，除了上述特质之外，公司面试和选拔一个高潜力员工，一般还需要考察他的其他三个重要方面：价值观、经历和专业。

关于价值观，实际上，阿里巴巴是很重视员工价值观的。阿里巴巴网站对此有专门的描述：阿里巴巴集团的六个价值观对于我们如何经营业务、招揽人才、考核员工以及决定员工报酬扮演着重要的角色，该六个价值观为：客户第一，员工第二，股东第三；因为信任，所以简单；唯一不变的是变化；今天最好的表现是明天最低的要求；此时此刻，非我莫属；认真生活，快乐工作。因此，公司在选拔人才的时候，就需要考察应聘者的价值观是否与公司价值观相匹配，也就是他在工作中看重的东西，必须与公司看重的东西相匹配，否则就会引发严重的冲突。

关于经历，全球最伟大的公司之一宝洁公司有一句选人的名言：未来是过去的延伸。要选拔一位未来能够成大器的高管，就要考察他在学校、在之前公司的业绩成就和专长，他是否在某些方面在同龄人中名列前茅（前5%，或者前15%）？他是否曾经取得过突出的、甚至是奇迹般的成就？他是否有成功的领导经历？他是否曾经克服挫折、失败的挑战，在逆境中取得成功？是否有重要的上司强力推荐？他真正擅长解决哪方面的问题？他的专长与公司的招聘岗位需求是否匹配？

关于专业，也就是他在学校和从业过程中积累的专业知识和技能，是否达到熟练或者精通的等级？他是否能够应对专业升级的挑战和市场的变化？公司中的专业领域包括：市场推广、销售、技术、产品、生产、财会、人力、法律等。

实际上，在下载超过1500万次的"硅谷最重要文件"《奈飞文化手册》的八条文化准则中，第一条是：**我们只招成年人**。每一位成员都知道自己要前往何方，并愿意为此付出任何努力。建立伟大的团队不需要靠激励、程序和福利待遇，靠的是招聘成年人——渴望接受挑战的成年人，然后，清晰而持续地与他们沟通他们面对的挑战是什么。

27 4-D 团队
为什么马云最佩服"唐僧团队"

上一节谈到了如何"选对人"，此外，一个高效的合作团队还必须是互补的,包括在性格、年龄、性别、专业、能力、经历、文化等方面,这是团队领导者最关心、最操心的事情之一。我也经常在企业的领导力培训课堂上,被询问什么样的人员组合是最佳的团队组合。

我们还是首先来看一个案例。

阿里巴巴的18罗汉团队是阿里巴巴成功的关键因素之一。马云在多个场合说,中国历史上有两个经典团队,一个桃园三结义的刘备团队,另一个是西天取经的唐僧团队。他比较喜欢唐僧团队,而不喜欢刘备团队。因为刘备团队太完美,千年等一回,而唐僧团队是非常普通的,但它是天下最好的创业团队。

像唐僧这样的领导,什么都不知道,也没有什么魅力,没有什么能力,但他知道要取经,目标很专一,不忘初心。孙悟空武功高强,品德也不错,唯一的遗憾是脾气暴躁,每个单位里都有这样的人。猪八戒虽然滑头,懒一点,但积极乐观,没有他,生活也少了很多情趣。沙僧这样的人在单位里是最多的,你不要跟我讲人情、讲理想、讲价值观,踏踏实实上班就好。

就是这样四个看起来有不少缺点的平凡人,最后历经九九八十一难,取得了真经,创造了奇迹。这种团队是最好的团队,这样的企业才会成功。我们都是平凡的人,平凡的人在一起做一些不平凡的事。这就是团队精神。

那么,怎么理解马云讲的"唐僧团队是天下最好的创业团队"呢?

我想,最关键的是团队成员的互补性,互补可以减少冲突。

要把小说中的这四个角色迁移到我们公司的现实团队建设当中，就要理解人物角色的本质，要看他的气质而不是颜值，不要完全对号入座。

在很多的领导力课堂上，我经常问大家这样几个问题：

- 如果这个团队是由四个唐僧组成会怎么样？大家说，他们虽然有取经的使命感，但缺乏降妖伏魔的本领，走不了多远就会被妖怪吃了。
- 如果这个团队是由四个孙悟空组成会怎么样？大家说，他们虽然本领高强，但缺乏团队合作精神，走不了多远就会自己打起来。
- 如果这个团队是由四个猪八戒组成又会怎么样？大家说，他们虽然热情活泼、善于交际，但缺乏自控力，到了高老庄见了美女，可能就会留下来过幸福生活了。
- 如果这个团队是由四个沙僧组成又会怎样？大家说，他们虽然勤勤恳恳、踏踏实实，但缺乏激情和想象力，走着走着就会丧失前进的动力。

从上面四个问题的回答可以看出，要打造一个高绩效的团队，上面的四个角色缺一不可。没有唐僧就没有目标，就没有团队的包容力和凝聚力；没有孙悟空就没有勇于尝试的创新力，就没有勇于担当和变革的能力；没有猪八戒就没有团队的活力和快乐，就没有人与人之间的亲和力；没有沙僧就没有规规矩矩、踏踏实实的执行力，就没有任务的扎实落地。

当然，在现实当中，我们每一个人不是只有单一的某一个方面的性格，实际上，每个人都有这四个方面的性格，家庭环境、工作环境都会发展我们这四个方面的性格。我们同时拥有这四种性格，只是各自的强度不同，在不同的工作环境下，四种性格会有不同的展现。

接下来我们来看一个实际运用 4-D 天性分析自己的性格结构以及团队成员性格组合的案例。我在 4-D 团队领导力的课堂上，会请每一位学员给自己四个方面的性格打分，每一个方面满分为 10 分。例如，有一位天性是橙色的银行行长，他给自己四个方面的评分是：绿色亲和力为 7 分，黄色包容力为 7 分，橙色执行力为 9 分，蓝色创新力为 6 分。为了提升团队的绩效，他最需要提升的是蓝色创新力，他计划在未来 3 个月把这一项的得分，从现在的 6 分提高到 7.5 分。

然后，我会请学员分析自己的管理团队成员的 4-D 性格分布，这位行长的分析结果是：他的班子成员一共有 4 位，他是一把手，是橙色执行型。另外一位主管对公业务的副行长是蓝色创新型的，一位主管对私业务的副行长是绿色亲和型的，还有一位主管柜台的行长助理是橙色执行型的。班子总体关注业绩、风险控制，业绩总体也不错，但问题是团队缺乏黄色的包容力，团队成员的归属感和凝聚力相对较弱，员工不够活跃和有创造力。

2010 年以来，在给 200 多个班的测评当中，我们发现，绝大多数团队的成员结构至少有两种颜色，大多有三种颜色，没有出现单一性格人员构成的团队，这也说明团队领导者和人力资源部门还是很有经验的，他们凭直觉就能够判断出一个团队既需要关注业务的人，也需要关注人的人，才能构成一个比较完整和平衡的团队。

28 五项障碍
导致团队低效的致命杀手

　　团队协作的"五项障碍"这个概念出自一本全球畅销书《团队协作的五大障碍》，作者帕特里克·兰西奥尼是美国一位非常有影响力的咨询和培训大师。在这本书中，他讲述了一个美国硅谷新任 CEO 面临的团队建设的案例，揭示了团队建设中五个既普遍又非常危险的问题。

　　我们还是首先来看一个克服团队协作障碍的成功案例，这是微软公司 CEO 萨提亚·纳德拉在他的新书《刷新》中讲述的一个故事。在他上任之初，微软的高管团队面临合作度很低的重大挑战，如何重塑微软的高管团队成为他的首要任务。

　　纳德拉是一位印度裔 CEO，1992 年加入微软，2014 年成为微软历史上继比尔·盖茨和鲍尔默之后的第三任 CEO。当时，微软的业绩不佳，股票价格持续下跌，但 3 年之后，微软市值翻了一倍，超过 6000 亿美元，全球排名第三位，取得了巨大的成功。可以说，纳德拉是大功臣。

纳德拉是如何打破僵局、重振微软的呢？实际上，绝大多数公司重振的第一步都是相似的，那就是重塑高管团队。他在上任之初就邀请了一位著名的正念领导力导师热尔韦博士给大家做培训，热尔韦博士首先问大家是否愿意尝试一个特别的个人体验，大家全都点头表示同意。然后，他要求高管中的一个人站出来当志愿者。结果没有一个人站出来，一时间房间里非常安静，气氛也很尴尬。

为什么不是每个人都站出来呢？这是一个高绩效团队吗？不是刚才每个人都说要尝试特别的体验吗？由于这次会议很特别，大家都没有带手机和电脑，也就没有什么可看的，微软的高管们要么低头看自己的鞋子，要么看着同事紧张地微笑，或许是出于担心——担心被嘲笑，担心失败，担心被认为不是这个房间里面最聪明的人；或者是出于傲慢——我的位置太重要了，不屑于玩儿这种游戏。

热尔韦博士为了打破僵局，想办法给大家鼓励，让在场的人终于松了一口气。然后，热尔韦博士要求每个人分享个人爱好与人生哲学，分享彼此在工作和家庭中的角色是什么，自己如何平衡工作和生活，等等。

通过彼此的分享，大家突然意识到，在微软工作了这么多年，他们还是第一次听同事们谈论自己，而不仅仅是业务的事情。在这个过程中，有很多人的眼眶都湿润了，被自己的故事或者同事的故事所感染。他们更加地相互了解。

培训结束的时候，微软的高管们对于和自己一起工作了多年的同事有了更加全面的认识，也更加了解彼此的人生经历、家庭、使命和价值观等，找到了大家来到微软工作的共同的使命、愿景和价值观，重新建立起了深度的信任，放下了之前那些指向彼此的"枪"，重新开启了深度合作的大门，也开启了微软重振的复兴之路。

这是微软高管团队重塑的破冰点，与《团队协作的五大障碍》一书中的故事非常相似。接下来我们为大家简要地介绍团队建设的五项障碍，以及解决方法。这五项障碍分别是缺少信任、惧怕冲突、缺乏承诺、逃避责任、忽视结果。你也可以对照自己的团队，看一看你的团队当中是否也存在这些问题。

第一项障碍是**缺少信任**。信任是合作的基础，它来自安全感，使每位成员可以轻松、坦诚地讲出心里话，不怕说错话。但现实是，在我们的团队当中，团队成员都害怕成为别人攻击的对象，不愿相互敞开心扉，不愿意承认自己的缺点和弱项，不愿意帮助他人，也不愿意创新。当然，他们更加关注他人的缺点，也就很难看到他人的长处，这就会导致彼此之间无法建立起相互信任。

解决信任问题的关键是领导者一开始要以身作则。首先，营造一个安全的团队氛围，允许成员坦诚地发表自己的观点，允许不同的观点，敢于求同存异。其次，通过非正式的培训和集体外出交流等形式，促进成员的相互了解，特别是工作之外的人生经历、个人爱好、家庭等。还要营造鼓励大家相互认可对方的贡献，指出对方需要改进的缺点，形成一个勇于批评和自我批评的环境。

第二项障碍是**惧怕冲突**。缺乏信任的团队无法产生面对面的、坦诚的、有建设性冲突的争论，取而代之的是漫无目的会议与讨论，以及无关痛痒的意见。没有面对面的坦诚沟通，就会产生背后的闲言碎语，当面不讲背后讲，大家戴着面具装好人。要鼓励有建设性的冲突，就要找出大家内心真正关心的争论性话题，鼓励大家在会议室面对面地讨论和沟通。马云在阿里巴巴就一直鼓励"如果我对你有意见，我就应该来找你当面讲清楚，否则，我就该退出"。

第三项障碍是**缺乏承诺**。如果大家没有真诚地参与，没有坦诚地发表自己的意见，没有就有争议的话题进行澄清，没有达成基本的共识和共鸣，那么，大家回到各自的岗位，就难以真正地投入工作当中，就很难有担当，就很难去达成结果。

解决这个问题的一个方法就是在会议结束前，由主持人重复会议形成的主要结论，确认大家是否已经表达了自己观点，是否还有不同的意见，是否已经就结论形成了基本一致的认识。

第四项障碍是**逃避责任**。要使团队成员担负责任，必须首先有正确的目标和计划，如果目标和计划不清楚，没有达成共识，那么，就没有人会尽心尽责。

要鼓励大家承担责任，就要明确各自的目标、任务和计划，定期检查和考核，赏罚分明，才能激发那些有责任心的人持续奋斗。华为提倡的"决不能让雷锋吃亏"，讲的就是这个道理。

第五项障碍是**忽视结果**。如果团队成员不能相互负责、相互监督,大家关注的就只会是自己或者自己部门的利益,而不是团队和公司的整体利益。优秀的团队都是结果导向的,华为就明确提出以结果论英雄,要重奖对公司大局做出最大贡献的人和团队。

29 制度管人
学会定规矩,拒绝人管人

理想的团队是能够自我管理的团队。在组织当中,我们常说管人有三字经:情、理、法,也就是人情、天理和王法。制度管人就是"王法",当领导就是要处理好三者之间的关系,因此,当领导是一门艺术。

我们先来看一个关于制度的力量的经典案例:

在18世纪英国工业革命的时候,有许多传统工人被机器取代,造成大量失业。高失业率诱发高犯罪率,结果监狱人满为患。那怎么办呢?英国政府就将其中的一些犯人流放到澳大利亚。刚开始,英国政府在船只离岸前,按上船的犯人人数支付船主运送费用,船长则负责途中犯人的日常生活,把犯人安全地运送到澳大利亚。

几年后,英国政府惊讶地发现,船长对于运送任务不负责任,运往澳大利亚的犯人在船上的平均死亡率高达12%。其中有一艘船运送了424个犯人,中途死亡了158个,死亡率高达37%。政府后来就给每艘船派了一个政府官员进行监督,同时,还对犯人在船上的生活标准做了硬性的规定，甚至还给每艘船只配备了医生。刚开始的时候，船主的虐待行为受到了遏制，政府官员的监督好像也有些效果。但是，事情很快就发生了变化。长时间远洋航行的险恶环境和金钱诱惑，诱使船长铤而走险。他们用金钱贿赂随行官员，甚至迫害不愿同流合污的官员，将他们扔到大海里。

后来，英国政府发现了运送犯人制度的弊端，就修改了支付运费的方式，从船只离岸前按照人头支付运费，改为按照到达澳大利亚的犯人人数和体质来支付船长的运送费用。这样一来，船长就不再虐待犯人了，犯人的死亡率降到了1%以下。

这是一个非常经典的制度管人的故事。一个坏的制度，可以让唯利是图的船长丧尽天良、谋财害命；一个好的制度，可以让船长善待犯人、各取所需。

任何一个组织和团队都要善于发挥好制度的基础性作用。例如，中国人民解放军的"三大纪律，八项注意"；海尔集团董事长张瑞敏1984年到海尔之后制定的13条劳动纪律，包括不准在车间大小便、不准偷抢厂里物资等最基本的条例；华为公司在1998年提出《华为基本法103条》；等等，这些都充分发挥了制度的力量。

制度的优势是公平、明确、严格。制度一般是高管团队和公司代表共同参与讨论做出的决定，代表了各方面的意见，比较公平和公正，具有公司的权威性。它提供了一种基本的规则、一种标准、一种规矩，比较清晰和明确，容易衡量和执行。在制度面前，人人是平等的，这样就减少了人员的亲疏问题，就是人情的问题。

作为团队负责人，如何用好制度管人呢？这里提供两个简单的办法供你参考。

第一是你要带头执行公司现有的规章制度，树立制度的威信，培养成员执行制度的习惯。一个成熟的公司一般都会有比较清晰的规章制度和工作流程。作为团队领导者，应该带领团队成员学习和践行这些规章制度，在规则允许的范围内开展工作，充分运用制度和规则授予的权力来开展工作，同时在这个过程中树立制度的威信，让团队成员更加理性地按规章制度办事情。例如，遵守公司的考勤制度、绩效考核制度、会议制度、差旅制度、工作流程规定等。

第二是根据团队的实际情况，因地制宜地制定一些简单有效的内部制度，激发团队成员的投入与合作。这些制度有些是显性的，有些是隐性的（也被称作潜规则）。例如，有的团队有晨会制度，每天早晨大家用 15～30 分钟的时间进行团队的信息沟通、工作回顾和今天工作的一些交流。最近，我还看到通过游戏机制来激发团队协作的项目，就是每个月给团队成员发一定量的币，比如 30 个币，他可以在这个月的时间内给帮助过他的同事或者是他认为工作优秀的同事发这个币，到月底的时候进行统计，看在一个月当中哪些同事获得的币最多，那这也就代表他的贡献最大，对别人的帮助最多，这就促进了大家的相互合作与配合。

当然，制定制度很重要，执行制度更加重要，同时，制度切忌过多、过于烦琐，让大家被各种繁文缛节约束了手脚，不敢主动尝试和创新。

30 优势互补
没有完美的个人，只有完美的团队

所谓优势互补，是从一个完整团队的能力需求角度来看。团队需要能力互补的成员来形成一个整体，每位成员的能力、优势是相互补充的，而不是相互重叠甚至相互冲突的，就像一支足球队，要有最优秀的前锋、最优秀的中场、最优秀的后卫和守门员。

我们来看一个腾讯公司创始团队的案例，这个案例在第 24 节"使众人行"中也提到过。

2016 年 10 月 22 日，腾讯创始人马化腾先生来到清华大学和清华经管学院院长钱颖一教授进行了对话，在这过程中，他讲道：

> 我是典型的程序员青年，原本根本没有想到我要开个公司，领导什么人，更多还是说我想要做一个产品，让很多人能用……第一步我就说要找一些合作伙伴，我的缺陷他们可以弥补。我们最早的团队里头，4 位是我的中学或大学同学……我对产品比较在行，我知道我要什么，怎么实现，我也想得比较通。张志东绝对是学霸，

实践能力很强；陈一丹是政府部门出来的，他虽然技术不强，但是他可以组建团队，对行政、法律和政府接待都非常有经验……曾李青是负责市场，长得派头很像老板，我们一起出去大家都叫他老板。我递我的名片，名片上也不写总经理，有时就写工程师。我负责在技术上实现。关键是用好他们每个人的特长。

钱颖一院长听了之后感叹地说："你们几个人之间的互补性真是非常强。"

我当时也在现场，听到他对自己团队的介绍，让我想起了世界上一些非常著名的创业团队，比如：惠普公司的休利特和帕卡德、苹果公司的乔布斯和沃兹尼亚克、微软公司的比尔·盖茨和保罗·艾伦、谷歌公司的拉里·佩奇和谢尔盖·布林等，他们的创始团队都有两位创始人，性格、能力优势互补，形成了完美的组合，有的懂技术，有的懂市场，还能够在快速发展的过程当中一起成长，这样的团队真是完美的团队。

在一个创业团队中，一般来讲需要三类角色，一个是技术和产品，第二是市场和销售，第三是人力和财务。当然，每个人还需要一专多能，要善于学习和快速成长，和公司一起成长。

我们常说，没有完美的个人，只有完美的团队。那么，到底如何才能做到优势互补呢？一般要从以下四个方面来考虑，分别是团队成员的性格、能力、经验和年龄。

第一是**性格互补**。我们在第 22 节的 4-D 团队中已经讲到，唐僧团队就是一个四种性格互补的最佳典范：师傅唐僧有包容力，他比较关注使命和团队的合作；大师兄悟空有创新力，善于打破常规，寻求突破；二师兄猪八戒比较有亲和力，善于处理人际关系，活跃团队氛围；三师弟沙僧比较有执行力，做事情遵章守纪、踏踏实实、认认真真。这样四种性格的互补，就形成了一个团队完美的做事风格。

第二是**能力互补**。这主要是指专业能力上的互补，每个组织和团队都有很多职能和岗位，每位成员在团队中都有各自的专业角色，有的人做产品研发，有的人做市场推广，有的人做大客户销售，有的人做人力资源管理，有的人做财务管理和融资。上面讲到的腾讯的创业团队，就是一个能力互补的高绩效团队。

第三是**经验互补**。无论是在大公司的部门中，还是在创业团队中，都有一些工作需要有相关经验的人来承担。例如，一个创业团队要开拓市场，如果有人曾经做过市场营销，有相关的经验和资源，就可以加速市场的开拓。比如，美团在快速发展的过程中，创始人王兴就曾经多次到杭州，邀请阿里巴巴的副总裁干嘉伟加入美团，负责运营管理的工作。干嘉伟的加盟，带来了阿里巴巴和他个人长期积累的运营管理经验，很快提升了美团运营管理的能力，也培养了一批运营管理的干部，大大提高了运营管理的水平。

第四是**年龄互补**。为什么要提到年龄互补呢？实际上在我们很多公司的团队当中都存在"70后""80后"和"90后"，甚至还有"60后"。不同年龄段的人在工作经历、经验和心态上的不同，对于团队的管理和重大的决策很有帮助，这样的团队既可以发挥"90后"这些互联网原住民的创造力和想象力,也可以发挥"70后"、"80后"的经验、沉稳和长远的思维。

南极传奇探险家沙克尔顿在组建团队的时候,专门挑选了一位50岁的悉尼大学地质学家埃奇沃思,他的年龄是很多船员的两倍。沙克尔顿知道,在南极那种极端环境下,年长科学家的冷静将对年轻人产生深刻和持久的影响,这一点在后来两年的极端环境中发挥了重要作用。

结语

组建团队是取得成功前最重要的工作。就像一位新上任的足球教练,你要赢得比赛,首先要选对球员,因为,你不能亲自上场去踢球,必须通过他人去完成任务。作为领导者也是一样。

第6章组建团队的5个小节——选人之道、4-D团队、五项障碍、制度管人、优势互补,带给我们的主要启示是:

- "选对人"是成功的第一步。阿里巴巴要求各级管理者掌握"三板斧",第一条就是选对人,并明确选人的四个标准:聪明、皮实、乐观、自省,让平凡人成就非凡。

- 组建高效合作团队的一个重要方面是性格匹配。性格是一个人与生俱来和长期养成的个性特征,具有很强的稳定性和惯性,难以自我觉察,难以自我改变。团队合作中的很多冲突都来自性格不匹配,4-D团队组合原则可以帮助我们有效匹配亲和型、包容型、创新型和执行型四类人,形成有效的互补。

- 团队高效合作存在五项关键的障碍：缺少信任、惧怕冲突、缺乏承诺、逃避责任、忽视结果。你要经常检视自己和团队，有针对性地组织大家进行反思、改善，实现建设、创造的双赢合作。

- 合理的制度是团队合作的基石和保障，团队需要实现自我管理。自我管理来自成员明确团队的制度、规则，例如会议制度、绩效考核制度等。此外，好的制度还必须有好的执行，尤其是领导者的率先垂范、以身作则，这样才能树立制度的威信，让全体成员遵章守纪、有序合作。

- 高效合作的团队需要核心成员之间的动态优势互补，包括在性格、能力、经验和年龄等多个重要方面，腾讯创始的"五虎将"团队就是一个动态优势互补的成功典范。

第 7 章

教练赋能

第三部分 领导团队

导言

在你成为领导者之前,成功只与你自己的成长有关,当你成为领导者之后,成功只与培养他人成长有关。
——杰克·韦尔奇(通用电气公司前董事长兼CEO,被誉为20世纪最伟大的经理人)

要成为优秀的管理者,必须先得是优秀的教练。说到底,一个人的职位越高,他的成功就越取决于能否让别人取得成功。从本质上讲,这也恰恰是教练的责任。
——埃里克·施密特、乔纳森·罗森伯格等(《成就》作者)

德鲁克说:"管理就是通过他人去完成任务的学问。"因此,卓越的领导者都是卓越的导师、卓越的教练。要打造一支高绩效团队,一要选对人,二要培养人。让队员不断学习、成长,让成员成长的速度大于业务成长的速度,才能取得主动和领先。

教练技术(Coaching)的兴起与创新驱动组织发展和领导力个性化突破相伴而生。高管教练第一人马歇尔·戈德史密斯指出:"在美国,过去40年领导方式最大的变化就是 From tell to ask",传统的指挥型管理者逐渐让位于创意时代的教练型领导者。面对知识员工、创意员工,卓越的领导者最重要的不是告诉下属做什么，而是建立平等的合作关系，提出好的问题，让下属去觉察、思考和担责，成为工作的主人，而非工作的奴隶，成为更好的自己，而非混天度日。教练的过程是一个共创的过程，领导者比下属懂得更多、领导者知晓一切答案的时代已经远去。

教练技术是领导力发展出一种高级技术，是个人领导力突破的"私房课"。当然，它也不仅仅是一门技术，在"人人都是领导者"的创意时代，它更是一种新型的合作关系，一种新型的思维模式，一种新型的沟通方式，一种新型的行为风格，一种新型的潜能释放流程。

ICF（国际教练联合会）对教练的定义是：**教练是客户的伙伴，通过发人深省和富有想象力（创造性）的对话过程，最大限度地激发个人的天赋潜能和职业潜能。**

成为教练型领导的核心是"成人之美"。教练的核心是要通过激发性的对话帮助对方提升觉察力、责任感和自信心，发现自己的潜能，找到改变的方向和方法。教练过程三个关键点是：建立关系（信任、平等、安全）、激发对话（提问、倾听、回应）、行动计划（目标、行动、成果）。

最近，一份对大学毕业生求职时最看重的前五大因素的调查显示："能学到东西以获得成长"排在第一位，占比达到56%。这是近年来大学生就业调研中，"自我成长"首次超过"待遇"成为大学生求职时最看重的因素。我们从身边毕业的大学生薪酬增长可以看到，同一个班成绩差不多的同学，一些人毕业之后加入BAT，另一些人加入传统行业，3年之后，他们的能力和收入可能会有几倍的差距。

本章将从职业成长、提问技术、3F倾听、SBI反馈技术和360度反馈五个方面来学习如何成为教练型领导,如何辅导下属成长。

31 职业成长
如何让员工成为职业发展的主人

根据著名调研机构麦可思研究院的调查数据,2015~2018届中国大学毕业生半年内的离职率分别是34%、34%、33%和33%且90%以上是主动离职。

职业发展从某种意义上讲是一个人的职业发展战略,是职业发展的路线图。"90后"越来越重视职业发展,一方面是因为很多大学开设了职业发展中心,给大学生提供了职业发展的测试和指导,激发了年轻人的自主职业发展意识和职业规划;另一方面,很多公司正面临快速的变革和激烈的市场竞争,需要对员工的专业能力进行快速的提升,以及培养他们适应公司变革带来的转岗工作的能力,选拔和培养各层级未来的干部。

员工的职业发展是谁的事情呢?是由公司来主导,还是由员工来主导呢?还是两者结合起来呢?

我们还是先来看一个华为的案例:

> 华为的员工超过18万人,每年从全国高校招聘大概1万名应届毕业生。为了用好这批人才,他们专门为新员

工制定了一个180天共8个阶段的详细培养计划，做好新员工的入职工作。

第1阶段是新人入职，也就是前7天，要让新员工知道是来干什么的；第2阶段是新人过渡，也就是第8～30天，要让新员工知道如何能够做得更好；第3阶段是第31～60天，要让新员工接受有挑战性的任务；第4阶段是第61～90天，也就是第三个月，要表扬与鼓励新员工，建立互信关系；第5阶段是第四个月，第91～120天，要让新员工融入团队，主动完成工作；第6阶段是第121～179天，要赋予新员工使命，适度的授权给新员工；第7阶段是第180天，要进行总结，要制定个人未来的发展计划；第8阶段就是6个月结束之后的每一天，上级要全方位关注下属的成长，帮助他们成长和发展。

从这个案例我们可以看到，华为高度重视人才的每一步发展，尤其是第一步。通过6个月有计划、有步骤的培养，帮助一个大学生很快地转型为一个职场人士，树立一个正确的职业意识，融入华为，从心底成为华为的一员。这一步对于留住员工、激发员工的敬业度非常重要。

华为的员工职业发展体系作为人力资源管理体系中的一个重要组成部分，至少可以发挥以下几点作用：拓展员工的职业发展通道，有效激励与保留人才队伍；建立任职资格标准，为员工能力持续提升提供清晰指引，牵引员工自我学习与发展，促进员工职业化；盘活现有人才资源，激发个体活力与潜能，建立合理的人才梯队；推动经验知识的有效沉淀与传承，打造良好的学习分享氛围；为人才配置规划、招聘选拔、培训发展、薪酬激励提供重要参考。

从员工的角度来说，从 22 岁大学毕业到 60 岁退休，有长达 40 年的职业生涯，如果说"60 后""70 后"毕业之后，很多人一生就在一家公司工作，那么，今天的"80 后""90 后"，很多人一生会在 3 家以上的公司工作。因此，个人成长的主要责任一定是在自己，自己要成为自己的 CEO，要经营好自己这家"公司"。

对公司来讲，做好第一步的入职培训之后，如何让员工学会主动成长呢？大量优秀企业的实践表明，关键在于公司要营造一个环境，一个清晰明确、公平公正的成长环境。下面给出三个方面的建议，分别是：清晰的成长路径、榜样和导师、反馈和激励。

- **制定清晰的成长路径**。我翻译的管理大师拉姆·查兰的《领导梯队》和《高管路径》㊀这两本书都提到，像通用电气、宝洁这样优秀的公司都会为员工制定一个较为清晰的成长路径。成长路径一般分为两条线，一条线是职位成长路径图，另一条线是职称和专业序列成长路径图，让员工成为自己成长的主人，自己做选择。在大公司，从员工成长为首席执行官，需要经历六个领导力发展阶段。每一个阶段都是一个重大的转折，不是通过读一本书或者参加几天的

㊀ 本书中文版已由机械工业出版社出版。

培训课程就可以学会。这六个阶段是：从员工到经理、从经理到高级经理、从高级经理到事业部副总经理、到事业部总经理、到集团公司副总裁、到 CEO。在小公司则一般是三四个阶段。每一次晋升之后，你要从工作理念、领导技能和时间管理三个方面来进行提升和转型，以便适应新岗位的要求。你要熟悉领导工作的特点，一旦了解了每个阶段的要求和面对的挑战，你就能够更好地适应领导力发展的要求，加速自己的成长。随着领导职务的晋升，领导者将面对日益复杂化和规模化的业务，领导者可以通过了解六个领导力发展阶段的要求提高工作的主动性，增强自己的信心。

- **树立榜样和导师**。你要为下属树立榜样，成为他们成长中的导师。研究表明，一个人在职场上的成长，大多是模仿性成长。下属每天和上级一起共事，常常采取"影子学习法"，就是像上级的影子一样，跟着他，看他如何决策、如何用人。例如，晚清末年的曾国藩就是李鸿章的榜样和导师，李鸿章早年间跟随曾国藩多年，耳濡目染当中，学习曾国藩的为人处世，尤其是在面对重大挑战和危机时如何应对，这些本事在书本上是很难学到的。

- **及时的反馈和激励**。经常为员工的进步和贡献进行及时的点赞与认可，让他们认识到自己的潜力，感受到自己成长的力量。有时候，一个人是很难看到自己的潜力和进步的，他需要导师和他人来给他反馈。作为领导，你要经常对他们的表现和进步给予及时、有效的反馈,激发他们努力成长的斗志,纠正他们成长中出现的问题和误区,帮助他们培养新的技能,告诉他们你对他的期望是什么,为他们的成长提供有力的支持和反馈。

32 提问技术
如何提出强有力的好问题

全球高管教练第一人马歇尔·戈德史密斯说:"过去40年领导方式最大的变化就是 From tell to ask。"领导者知道一切的时代已经过去。提问既是尊重欣赏,也是激发思考和参与。

提问技术是一个教练型领导最重要的四大基本功之一。在今天这个数字经济时代,面对知识员工和创意员工,每一位领导者都要成为教练型领导。除此之外,还有倾听、区分和回应三大基本功。教练型领导要有一个基本的信念:相信每一个人都拥有解决问题的潜能,只是很多人还没有意识到,需要被激发。提问技术是指在建立起相互信任的伙伴关系之后,在教练对话过程中,通过提出强有力的发问帮助对方聚焦事实、可能性和潜在的资源,走出自我的盲点,发现和解锁自身的潜力,找到解决问题的思路和方法。提出问题是让对方产生觉察力和责任感最好的方法。

2017年3月18日,美团点评在上海举行年度战略沟通会,在这个沟通会上,CEO王兴做了一个主题演讲,分析了美团点评的业务现状、战略思考,以及2017年的战略目标和主要策略。在之后的问答环节，有人问王兴，是否要做出行，与滴滴进行竞争？

这一刻，王兴并没有马上回答，而是把这个问题抛给现场的200多位中高管："你们怎么看？"当时我在现场，对王兴随机应变的提问留下了深刻的印象。接下来有8位中高管陆续站起来发言，有的表示赞成，有的表示反对，也有的提出了自己的看法。在这个过程中，王兴没有表态，只是提问引导大家深入讨论。在听完8位中高管差不多40分钟的发言之后，王兴做了一个初步的小结和回应，他说："Uber也在做外卖，也取得了不错的成绩，对它们的盈利有帮助；同时滴滴也投资了饿了么。它们在外卖上面有想法，我们要有准备；第三点，滴滴现在提供的服务是让人不满意的，这个就是机会。"

我们看到，这是一个3万多人的公司的管理团队如何集体讨论、建立共识、形成决议的过程，虽然这个40分钟的讨论不一定是真正的决策，但是是一个非常难得的集体学习、求同存异的共识大会。而这些，都源于CEO王兴的一句提问："你们怎么看？"

好的问题往往是开放式的、探询式的、积极的。恰当有效的提问能够促进大家的参与和思考，让大家聚焦于事实、可能性和潜在资源，让问题的解决获得更多的思路和启发。那么，应该如何有效地锻炼自己的提问技术，提出引发下属思考的好问题呢？

在全球教练领域知名的《高绩效教练》[1]这本书中，作者约翰·惠特默博士总结了如何有效提问的学问。他指出，提问分为两种，一种是封闭式的提问，一种是开放式的提问。在告知对方

---

[1] 本书中文版已由机械工业出版社出版。

或提出封闭式问题的时候，人们只能接受，或者是回答是与否，不需要思考。而一个好的提问，应该是开放式的提问，这样人们自然就会思考。开放式提问要求对方进行描述性的回答，必须有针对性地思考，必须考虑细节，这样就会更加有效地产生觉察力和责任感。

在所有球类运动中，教练使用最频繁的指令就是"注意看球"。

盯住球当然非常重要，但"看球"的命令会让你做得好吗？不一定。如果会的话，那么我们很多人都可以在运动场上表现得更加出色。我们都知道，当一个高尔夫球手放松的时候他的击球会更远、更直，但是"放松"的命令会让他感到更放松吗？不一定，他可能会因此更加紧张。

实际上，命令一个人去做他需要做的事，反而不一定能产出我们所需要的结果。那么怎样做才能让我们达到目的，产生最大的效果呢？我们来看一个提问的方式。

如果教练问你："你在看球吗？"你会怎么回答？你可能说："我在看球。"或许你会辩解，可能会撒谎，就像在学校的时候老师问你是不是在认真听课一样。

如果教练问你："你为什么不看着球？"你会更想辩解，可能还会加上一点儿分析。你可能会说："我在看球。"或者坦诚地告诉教练："你不停的打断让我分神并让我感到紧张。"

这些问题的效果都不好，但如果我们换一种提问的方式，效果可能会很好。我们来看一看下面这个网球教练和队员的对话，这个教练提问说："那个球朝你飞过来的时候，是朝哪一边旋转的?""球这次过网的时候,高度是多少?""这一次,网球反弹起来的时候,它会旋转得更快还是更慢?""当你第一眼看到球旋转时,它距离你有多远?"

这些问题从完全不同的角度出发,它们创造出了其他问题或命令不能实现的四个重要的效果。第一,这类问题促使球员观察球,仔细地去观察,否则他们无法回答这类问题。第二,球员要比平常更加集中精神,才能正确回答这个问题,这提供了更高质量的输入。第三,这些答案是描述性的而不是判断性的,因此没有自我批评或是伤害自尊的风险。第四,我们的教练都有一个意见反馈列表,他们有能力确认球员回答的正确性,并知道球员是否聚精会神。

为什么所有体育教练都坚持发出一个无效的命令"看球"?可能有两个原因:第一是他们从来没有考虑过它是否有效,因为以前的教练就是这么做的,所以他们也一直这么做;另一个原因是他们更在意自己说了什么,而不关注说话的效果。

教练的核心是要帮助对方发掘觉察力和责任感,以及应该说什么、做什么才能创造这种影响。仅仅要求他人做我们要求的是不够的,我们必须提出具体的、有效的问题。

在企业当中,也同样可以提出这样的问题,帮助员工提高他们的注意力和觉察力。比如说,你可以提出这样的探询式开放问题:"你本周准备拜访几位大客户?""你给第一位大客户的方案本周几提交给对方?""目前公司的库存还剩下多少?""你当前最困难的问题是什么?""价格的调整对我们最新的客户会造成怎样的影响?"所有这些具体的问题,都需要明确的回答。

这些事例让我们看到,**要提升员工的觉察力和责任感,提出问题胜于直接告知**。一个好的教练在语言互动上会遵循提出具体的开放式问题的原则。

教练分为专业教练和领导者兼职教练。专业教练需要长期的学习和参加多个层级的认证,领导者兼职教练只需要掌握教练的一些核心准则和技巧,持续在工作中应用,就可以提高辅导下属的能力。我自己在 2010 年第一次参加国际教练认证课程(CPCP)的时候,用了将近 20 天,后来我又持续不断地向马歇尔·戈德史密斯等大师级教练学习,也翻译了《高绩效教练》《领导力教练》《企业教练指南》㊀等 4 本领导力教练相关的书籍。教练是一种职业,也是一种专业能力,需要长期的训练,以及在不同情境下练习,运用不同的方法和很多模型,比如说 GROW 模型,等等。

最近,纪念硅谷最伟大的"万亿美元教练"比尔·坎贝尔的书《成就》上市了,有兴趣的朋友可以去看看坎贝尔是如何通过教练对话成就乔布斯、拉里·佩奇、蒂姆·库克、杰夫·贝佐斯、谢丽尔·桑德伯格等硅谷企业家的。

33 3F 倾听
如何听懂员工的弦外之音

倾听是教练赋能中非常重要的对话技巧,是激发对方表达自

㊀ 本书中文版已由机械工业出版社出版。

己真实思想和情感的关键。我们经常听到有人抱怨他们的领导不耐心倾听，或者没有听明白自己想讲的话，领导做决定比较主观和武断，自己不被尊重和包容，如此几次之后，自己有意见和想法也就不说了。

"3F 倾听"是一种具有同理心的倾听，不仅要听明白员工讲的话，还要听明白他讲话背后的情绪和意图。第一个 F 是 Fact，就是事实，就是倾听对方的语言所描述的事实；第二个 F 是 Feel，就是情绪和观点，就是要去感受对方语言背后的情绪和观点；第三个 F 是 Focus，就是关注点，也就是对方的意图需要，就是要在沟通的过程中听到对方语言背后的真实意图和需要。这就是倾听的三个层次——事实、情绪和观点、意图和需要。

我们首先来看一个小故事。从前，一位师父带着两个徒弟。有一天，小徒弟在厨房洗碗，一不小心把刚刚洗好的碗给打破了一个。这时，大徒弟碰巧看到了。大徒弟非常生气，于是急忙跑到师父那里打小报告，说："师父，师弟刚刚在厨房又打破了一个碗，他总是粗心大意。"师父听完，双眼微闭，回答说："我知道了，你是希望他做事要认真，要珍惜得来不易的炊具。我相信，你永远也不会打破碗。"大徒弟听完师父的一番话，深感惭愧，顿时醒悟。

接下来我们简要分析一下，师傅是如何运用 3F 倾听大徒弟的汇报的。师傅听到的事实是大徒弟反应小徒弟刚刚打破了一个碗，这是第一层倾听。第二层是倾听大徒弟的情绪和观点。大徒弟的情绪是什么？他很生气。他的观点是什么？是小徒弟总是粗心大意。第三层是倾听他的意图,他希望师父批评小徒弟。

第一层,倾听事实。客观地接受对方讲话中的事实信息,而不是根据自己的想法或固定观念去评判对方。比如,上面这个例子当中,师傅倾听了大徒弟汇报的事实是,小徒弟在厨房打破一个碗。

第二层,倾听情绪和观点。在这个故事当中,师父感受到大徒弟很生气,认为小徒弟很粗心。大徒弟的情绪来自他的评判,这在沟通当中非常考验倾听的一个关键点,师傅如果不加辨别地接受了大徒弟的观点,也认为小徒弟很粗心,那么今后他会怎样对待小徒弟呢?也许他会更加严厉,经常训斥他,甚至是不信任他。但师傅没有从打破碗这个事实得出小徒弟很粗心这样一个评判。师傅的另外一个高明之处在于,他并没有否定大徒弟的情绪和感受,而是接纳他的情绪,理解他的善意。但如果师傅否定大徒弟的情绪和感受,就会让他感到不被包容,从而产生对立的情绪。

第三层,倾听意图和需要。师傅要想,大徒弟告状的意图和需要是什么呢?也许是让师傅知道,小徒弟做错了一件事情,要受到惩罚,或者是小徒弟做事不认真、不可靠,他希望师傅更加相信自己、重用自己,等等。智慧的师傅是如何应对的呢?他说:"我知道了,你是希望他做事要认真,要珍惜得来不易的炊具。我相信,你永远也不会打破碗。"师傅用自己的善意来理解大徒弟的意图,引导大徒弟正确看待这件事情。我们每个人都有可能犯错,要允许别人犯错,这才是师父的真正意图,从而启迪了大徒弟的包容之心。包容自己、包容他人，才能建立起良好的人际合作关系。

现在，我们理解了 3F 倾听的含义，那接下来我们应该如何运用它呢？下面介绍一个七步法，帮助你提升自己在沟通当中的 3F 倾听能力。

第一，明确对方看到或听到的事实是什么；

第二，明确对方的情绪和观点是什么；

第三，明确对方的意图和需要是什么；

第四，明确自己看到或听到的事实是什么；

第五，明确自己的情绪和观点是什么；

第六，明确自己的意图和需要是什么；

第七，核实自己和对方的事实、情绪和观点、意图和需要是否一致，从而建立起共识和共鸣。

最后需要特别强调的一点是，由于传统文化的影响，我们中国人的沟通往往不够直接。在上下级对话过程中，当谈到对对方的意见，或者有利益诉求的时候，大多数人不会直接提出来，而是含糊其词，希望对方去"猜"、去"悟"，这就难免产生误会。

当然，这可能有两种情况。一种情况是对方的性格使然，他不善于表达，这就需要领导经常激励他坦诚地表达出来；第二种情况是他善于表达，但是不敢直接讲出来，这就需要领导关注他真正的需求是什么，他真正在乎的是什么，他的言外之意是什么。比较典型的员工诉求一般来讲多为物质诉求：涨工资，给予更多的授权、更多的资源，或是希望得到提拔等。员工往往不好直接讲这些，这时候领导就要注意到其沟通背后的需求是什么。

《成就》一书讲述了坎贝尔教练的倾听理念："练习自由的倾听，全神贯注地倾听别人的意见，不要分心，也不要提前考虑接下来要说的话，然后问一些问题来了解真正的问题所在。"

34 SBI 反馈技术
反馈事实，拒绝评判

反馈是帮助对方看到他的行为产生的影响和后果，就像从镜子中看到他人眼中的自己，从而实现自省和改善。华为提出的"批评与自我批评"就是一种反馈方式。在日常工作中，上下级之间坦诚地反馈彼此的意见和看法，是一种非常重要和有效的沟通方式，但如果反馈的方式不当，常常就会带来冲突和误解，影响大家的关系和合作。

首先来看一个案例，这是在《高管路径》中讲到的一位世界 500 强 CEO 向他的中国区负责人反馈的案例：

> 在一次会议中，一名业务部门的中国区总经理向集团的 CEO 汇报工作，阐述其部门在中国的快速增长。这位总经理向 CEO 展示了中国正在出现的巨大增长机会，他努力勾画出一个快速增长的市场前景，市场不仅对公司现有产品的需求会大幅度增长，对公司新的高端产品的需求也将迅速增加。汇报结束以后，CEO 私下找到这位领导，对他说："你刚才的汇报非常好，有大量的数据

和事实，非常有说服力，让我看到了未来几年中国市场增长的巨大机会，我对中国市场的增长更加充满信心。但是，有一个小小的问题，在你的报告中，你使用的汇率是官方汇率统计的中国人均收入，而事实上，如果你使用中国人的购买力评价来进行分析，你的需求增长预测将会大幅度增加。因此，我们在中国市场，可以采取更加乐观和积极的姿态来抓住这个千载难逢的机会。"中国区总经理听了之后，非常认同，也非常感激CEO及时善意的提醒。

从这位CEO给中国区总经理的反馈当中可以看到，第一，他没有在会场当面指出来，让中国区总经理感到尴尬，而是在会后一对一地进行私下的反馈，让对方感到有足够的被尊重感和安全感。第二，他运用了SBI反馈技术，他的反馈非常有针对性，基于事实、基于数据，避免了泛泛空谈，让中国区CEO明确了需要改进的具体事情，并且心甘情愿地接受和执行，这是一种非常高明的反馈技术。

SBI反馈技术是美国创新领导力中心（CCL）开发的一种有效的反馈技术，为职场中上下级或者同事之间进行有效的反馈提供了有效的方法。这个方法一经提出，就被全球各大公司采用，成为全球职场中最流行的反馈方式之一。

我2013年去美国创新领导力中心进行两周的学习，它是全球排名第一的领导力培训机构。我参加了它们最高端的"巅峰领导力"课程的学习，其中有一个环节就是SBI反馈的训练。在学习快要结束之前，我们每个人拿到几张反馈表，私底下观察几位同学的言行，然后分成小组，由小组成员对自己观察的几位同学进行 SBI 反馈。因为大家都是来自全球各地的大企业高管，彼此并不认识，所以讲话就非常的坦诚。例如，有的同学给我的反馈是：很热情、很好学、很乐于合作、帮助他人，但有的时候讲话不够坦率和直接，让他们感到困惑。这些反馈，让我自己看到，在别人眼中，我是怎样的一个人。

我们对自己的评价往往基于自己的 Intention（意图），而别人对你的看法和判断基于你的行为表现和行为频率，因此这两者之间是有差异的。只有相互之间有经常的反馈沟通，我们才能够澄清事实，而不会活在各自的想象和评判当中。就像我们之前讲到的孔子对他最信任的弟子颜回的误会，如果没有事后的确认和澄清，孔子就会认为颜回偷吃了白米饭，那这就会成为千古奇冤。在后面我们还会讲到 360 度反馈，就是在你的上级、平级和下级全方位的眼中，你是一个怎样的人。通过这样一个 360 度的镜子，并将其与你自己对自己的看法进行对照，你会更好地认识客观的你。

那么，什么是 SBI 反馈技术呢？这是一种基于事实给予对方反馈的三步法。

- **S 是 Situation，就是情境**。SBI 反馈的第一步是向对方描述事情发生的时间、地点行为、事件等现场情境。
- **B 是 Behavior，就是行为**。描述你想要反馈给对方的具体行为——对方说了什么，做了什么，具体事实是什么。

- I 是 Impact，就是影响和后果。告诉对方他的言行对你产生了什么影响，带来了什么后果。

我们把 SBI 反馈技术的三步连贯起来，就形成了一个有效反馈的公式——在什么时间？什么地点？你做了什么样的行为？对我和同事产生了怎样的影响？带来了什么后果？当你意识到自己的行为引发的后果，你就会自省和改善自己的行为。

从上面的案例和分析可以知道，SBI 反馈技术是一种基于事实的反馈方法，既可以用于正向反馈，也可以用于负向反馈。和一般的反馈方法相比，它可以让给出的反馈更加基于事实，更言之有物，避免了模糊或者空洞。反馈比较具体，对方就能够在第一时间清楚自己的行为是什么，而不是停留在情绪当中，无从下手。同时，因为 SBI 反馈技术强调针对具体行为，而不做价值判断，也就做到了我们常说的"对事不对人"，避免了伤害对方的感情。

35　360 度测评
500 强企业经理人必做的领导力测评

上一节讨论的 SBI 反馈技术是双方对话反馈的一种有效方式，一般用于就某一个行为进行的及时反馈，可以让对方了解自己的行为带给他人的正向或者负向的影响。而本节的"360 度测评"是你的上级、平级和下属基于某一个领导力测评工具给出的全方位反馈，是一种对你的领导行为习惯和行为模式的反馈，不针对某一个具体的行为事件。

首先请大家回想一下，你最近的一个重大行为改变，是由什么引起的？比如说我自己，最近在注意改善倾听，什么原因呢？就是因为我在之前的360度测评中发现这方面的得分相对较低，虽然目前还不严重，但如果不及时地重视和控制，就会影响沟通与合作。同样，在领导力发展当中，要让一个经理人员认识到自身领导力的问题，找到改变行为的目标，就要建立一个科学的、系统的、可量化的标准，这就是360度测评。

这个工具是美国创新领导力中心首先提出来的，并在全球得到广泛应用。我在2013年5月到美国创新领导力中心参加了"巅峰领导力"课程和测评认证的培训，对360度测评有了切身的体验和较为全面的认识。同时，我在领越®领导力的课堂上，还广泛地应用了卓越领导者的五项行为测评工具。这个工具从20世纪90年代到现在，已经在全球测评了300万名领导者，获得了大量的数据，验证了卓越领导者五项行为的有效性。

首先介绍我去美国创新领导力中心参加"巅峰领导力"课程学习和测评的经历。去美国之前，我在中国就做了7个远程在线测评和调查，有的测评需要两三百美元，当时觉得挺贵的。这些测评包括：个人背景信息调查、个人工作状况调查、坎贝尔领导力指数测评、高管全方位测评、基于个人关系的行为测评、健康调查和体检、MBTI性格测评，等等。美国这个学习项目的时间只有5天，但我们学习之前的测评达到了7个，这可以说是一个全方位的领导力的体检，就像每年对身体进行全方位的体检一样，有的测评要自己一个人完成，有的测评是要和他人配合的

360度测评。360度测评有我的1位上级、2位平级、5位以上的下级以及我自己参与进来，总共四个角度。

德鲁克说："不能衡量，就无法改进。"没有反馈，就没有进步。这些科学和经典的测评让我对自己的工作状况、成长经历、个人性格、人际关系，以及作为高管的领导力有了全方位的认识，尤其是360度测评，让我从上下左右各个维度以及同事的视角，全方位地了解了他们眼中我的各项领导行为的得分状况，全方位地看到了自己领导力的优势和短板，就像拿到了自己的体检报告一样，如果看到自己出现了严重的高血压，就会高度重视，想要去行动和改变。例如，在创新领导力中心培训的过程当中，有一位高管教练和我做了一个3个小时的一对一教练，让我认识到我急需改进的一项行为是倾听。在日常的领导工作中，我说的比较多，但倾听的时间和耐心都不够，有时候会让同事感到不够包容，因此，我在后来的工作当中，就刻意地注意这一点，尽可能讲话短一点，多留一些时间给同事发言，对他们的发言也给予积极的回应和鼓励，让大家有更多的被尊重感、参与感、平等感和包容心。

在10多年使用领越®领导力的LPI360度测评的经历中，我感到360度测评主要有三个优点：第一，它建立了一个科学的、系统的、可量化的标准，它基于一个人的日常领导行为频率给出评分，而不是根据他个人的意图来进行评价，这就避免了领导者个人的主观和随意。第二，来自360度的反馈，如来自1位上级、2位平级、5位以上的下级以及经理人自己的反馈，就像是对一个人进行360度全方位的扫描，避免了单一角度的主观和偏见。第三，一般来讲，测评者看到自己的测评报告后会产生强烈的心理波动，因此测评之后会有一对一或一对多的教练反馈，专业的引导和解读可以帮助测评者理解测评问卷和结果，让测评者自省和反思上级、平级和下级各项行为评分信息背后的含义，找到测评得分背后需要改变的领导行为，增强测评者改变的意愿，从而在3~6个月之后的第二次测评中提高评分。

在《财富》杂志排名前1000位的企业中，有90%的企业已经在使用不同形式的360度测评，比如，IBM、谷歌、福特、迪士尼、美国银行、中国电信、招商银行等都把360度测评用于人才发展。

那么，到底如何用好360度测评呢？一般来讲，测评分为四个步骤。

第一，组织部门明确测评的目的和用途。例如，在一个领导力培训的课程中，提前2~3周针对一批经理人员做360度测评，或者在某一次考评当中对一批经理人员做360度测评，其目的是帮助他们认识自己的领导力优劣势，找到行为改变的目标。

第二，进行测评的动员。要求参与者本着客观公正的立场进行评价，方法一般是发邮件，或者开一个简短的会议，讲清楚测评是为了帮助一个人发展，让他看到真实的自我，这和一个人涨工资和晋升没有直接联系，消除大家填写的顾虑。这一点对于得到客观公正的测评结果非常重要，在一些企业当中，有的下属担心测评结果会让上级不舒服，因此，在填写的时候，只是应付交差，全给高分，不会讲出自己的真实看法，这就不能达到360度测评的目的。

第三，测评填写过程。这个过程要弄清楚评价的标准和打分的要求，避免出现错误的评价。

第四，测评报告的解读和反馈。这个环节尤其重要，需要一位经过培训的、有经验的老师来进行引导和解读。这个过程中会出现的典型问题是，有人拿到的测评结果和他的预期出入太大，就会出现四个阶段的情绪反应：惊讶、愤怒、联想、接受。惊讶就是对测评结果感到吃惊，为什么有人给自己这么低的分数；愤怒就是对这些低估感到不公平而产生愤怒；联想就是去猜想是哪一位同事给自己的评分；接受就是经过一段时间之后，当看到大家的其他评价也有比较公正的部分后，会慢慢冷静下来，接受大家对自己的评价，从而产生行为的改变。

结语

要成为一位成功的卓越领导者，就必须善于培养人，而教练赋能是培养人才成长最有效的方法之一。本书前勒口的"每天清晨教练5问"就是一组非常有效的教练问题。本章我们从职业成长、提问技术、3F倾听、SBI反馈技术和360度测评五个方面进行了学习，主要启示是：

- 你首先要明确，培养下属成长的核心是要让他们对自己的成长负主要责任。《领导梯队》中从员工到CEO的六次领导力转型和华为的人才培养方法，可以帮助员工主动思考和制定恰当的职业发展规划，找到适合自己职业成长的路线图。你可以从制定清晰的成长路径、树立榜样和导师、及时的反馈和激励三个方面来帮助下属的职业成长。

- 你要通过提出强有力的探询式开放问题，激励员工主动思考、找到解决问题的思路和资源、成为任务的主人、感受到工作的成就感。对于提出的问题，要求对方进行描述性回答，描述事实而不是自己的判断；进行有针对性的思考；要注重细节和感受。

- 3F倾听启示我们不仅要倾听对方语言描述的事实，更要关注对方的情绪、观点、意图和需要，展现同理心，听懂弦外之音，找到对方诉说背后的需要，从而提升对方的被尊重感、归属感、参与感和信任感，激励对方讲真话、坦诚沟通与合作。

- CCL开发的SBI反馈技术是以一种还原现场的、录像机般的客观真实反馈，能让人看见自己的言行带来的影响和后果。S是当时的情境，B是行为，I是产生的影响和后果。SBI反馈技术能减少评判带来的抵触情绪，从而使对方愿意主动调整和修正自己的行为。

- 360度测评是帮助下属成长的强大"秘密武器"，对那些个性鲜明、才华横溢的创意员工比较有效。基于科学设计的360度测评和众多利益相关者的客观评分，可以让人心平气和地客观看待他人眼中的自己，不带情绪地反思和改变自己。

第 8 章

管理沟通

——第八周 管理沟通

第三部分
领导团队

导言

> 管理就是沟通。
>
> ——汤姆·彼得斯（管理大师，《追求卓越》作者）

> 管理就是沟通、沟通、再沟通。
>
> ——杰克·韦尔奇

2006年，哈佛商学院的迈克尔·波特和尼汀·诺瑞亚两位教授启动了一项重要研究：CEO如何管理时间。他们追踪、收集并标注了27位大公司CEO近6万个小时的数据，看他们如何利用时间。研究发现，领导者平均每个工作日工作9.7个小时，平均每周开37次会议，会议时间占总工作时间的72%。他们的主要工作是面对面交流，被研究的CEO 61%的工作时间都用于此类沟通。其他15%的时间用于打电话、阅读并回复书信，剩下24%的时间用于电子通信。

实际上，多项研究都表明，**领导者进行领导的主要方式就是沟通**，他们每天平均70%左右的时间在沟通，沟通方式包括听、说、读、写等多种形式，以获取信息来做决策、说服团队建立共识、检查督导推动执行等。沟通的有效性在很大程度上决定了领导工作的有效性。这也是为什么在哈佛商学院和清华经管学院MBA的课程体系当中，管理沟通是一门必修课。

本章的主题是"管理沟通"，我们主要从经理人最常遇到的五个场景来学习：口头表达、说服技巧、高效会议、向上管理和关键对话。

36 口头表达
清晰表达背后的金字塔思维

口头表达是我们日常生活与工作中最重要的沟通形式之一。例如，求职面试、会议沟通、产品销售、论坛演讲等各个场合都需要有良好的口头表达，但我们发现有不少人在表达的时候，观点不明、思路不清、论证乏力、用词干巴，不能够吸引对方的关注，不能够让对方理解自己的想法，甚至产生很多的误会。其实，所有表达问题，归根结底都是逻辑问题。

全球顶级管理咨询公司麦肯锡过去40年的经典培训教材《金字塔原理》中介绍了金字塔思维的十六字原则：结论先行、以上统下、归类分组、逻辑递进。

下面我们首先看一个人的案例，她获得了安徽卫视《超级演说家》第二季的冠军，在这之前她并不被导师们看好，最后却一路过关斩将，并在最终的决赛当中，夺得了总冠军。她有一场演讲的内容如下：

在这个演讲开始之前,我先问问现场的大家一个问题,你们当中有谁觉得自己家境普通,甚至出身贫寒,将来想要出人头地只能靠自己?你们当中又有谁觉得自己是有钱人家的小孩儿,起码在奋斗的时候可以从父母那儿得到一点助力?

前些日子,有一个在银行工作了10年的资深的HR,他在网络上发了一篇帖子,叫作《寒门再难出贵子》。意思是说,在当下,我们这个社会里面,寒门的小孩儿他想要出人头地,想要成功,比我们父辈的那一代更难了。这个帖子引起了特别广泛的讨论。你们觉得这句话有道理吗?

先拿我自己说,我就是出身寒门的,我们家都不算寒门,我们家都没有门。现在想想,我都不知道,当初我爸跟我妈那么普通的一对农村夫妇,是怎么样把三个孩子,我跟我两个哥,从农村供出来上大学、上研究生的。我一直都觉得自己特别幸运,我爸跟我妈都没怎么读过书,我妈连小学一年级都没上过,她居然觉得读书很重要,她吃再多的苦,也要让我们三个孩子上大学。

我一直也不会拿自己跟那些,比如家庭富裕的小孩儿,去做比较,说我们之间会有什么不同,或者有什么不平等。但是我们必须要承认这个世界是有一些不平等的,他们有很多优越的条件,我们都没有,他们有很多的捷径,我们也没有。但是我们不能抱怨,每一个人的人生都是不尽相同的，有些人出生就含着金钥匙，有些人出生连爸妈都没有。

人生跟人生是没有可比性的，我们的人生怎么样，完全取决于自己的感受。你一辈子都在感受抱怨，那你的一生就是抱怨的一生；你一辈子都在感受感动，那你的一生就是感动的一生；你一辈子都立志于改变这个社会，那你的一生就是一个斗士的一生。

英国有一部纪录片，叫作《人生七年》，片中访问了12个来自不同阶层的7岁的小孩儿，每7年再回去重新访问这些小孩儿。到了影片的最后就发现，富人的孩子还是富人，穷人的孩子还是穷人。但是里面有一个叫尼克的贫穷的小孩儿，他到最后通过自己的奋斗变成了一名大学教授，可见命运的手掌里面是有漏网之鱼的。而且，现实生活中寒门子弟逆袭的例子更是数不胜数。

所以，当我们遭遇失败的时候，我们不能把所有的原因都归结到出身上去，更不能去抱怨自己的父母为什么不如别人的父母，因为，家境不好并没有斩断一个人他成功的所有可能。

当我在人生中遇到很大的困难的时候，我就会在北京的大街上走一走，看着人来人往。而那时候我就想，刘媛媛，你在这个城市里面真的是一无所依，你有的只是你自己，你什么都没有，你现在能做的就是单枪匹马地，在这个社会上杀出一条路来。

这段演讲到现在已经是最后一次了,其实我刚刚在问的时候就发现了,我们大部分人都不是出身豪门的,我们都要靠自己。所以你要相信,命运给你一个比别人低的起点,是想告诉你,让你用你的一生去奋斗出一个绝地反击的故事。这个故事关于独立,关于梦想,关于勇气,关于坚忍;它不是一个水到渠成的童话,没有一点点人间疾苦;这个故事是有志者事竟成,破釜沉舟,百二秦关终属楚;这个故事是苦心人天不负,卧薪尝胆,三千越甲可吞吴。

我们来分析一下这个演讲的结构是如何体现"金字塔原理"的。

第一,她提出了一个问题,引起了大家的兴趣、参与和思考:"你们当中有谁觉得自己家境普通,甚至出身贫寒,将来想要出人头地只能靠自己?"现场观众几乎全部举起了手。"你们当中又有谁觉得自己是有钱人家的小孩儿,起码在奋斗的时候可以从父母那儿得到一些助力?"现场几乎没有人举手。

第二,她从一篇由银行资深HR发的帖子《寒门再难出贵子》,引出演讲主题:寒门真的再难出贵子吗?

第三,她以自己为例,说她就是出身寒门的,爸爸妈妈都是农民。妈妈连小学一年级都没有念过,居然觉得读书很重要,吃再多的苦也要让三个孩子上大学。

第四,她提出自己的观点:"我们必须要承认这个世界是有一些不平等的……有些人出生就含着金钥匙,有些人出生连爸妈都没有。人生跟人生是没有可比性的，我们的人生怎么样，完全取决于自己的感受。"

第五，她引用了一个国际上权威的研究证据——英国纪录片《人生七年》对12个小孩长达49年的跟踪研究。

第六，她给出了结论："所以，当我们遭遇失败的时候，我们不能把所有的原因都归结到出身上去，更不能去抱怨自己的父母为什么不如别人的父母。"

第七，她引申了自己的观点，她说："你要相信，命运给你一个比别人低的起点，是想告诉你，让你用你的一生去奋斗出一个绝地反击的故事。"

这位演讲者就是北京大学法律系研究生刘媛媛。她的这篇励志演讲之所以能引起社会各界广泛的共鸣和传颂，一方面是其传递的观点极富正能量，给出身贫寒和处于逆境中的人以希望和鼓舞；另一方面是其采用了金字塔思维的结构化表达方式，我们可以清晰地看到演讲的总分总结构，也就是包含观点、论据和结论。其内在逻辑是：第一，结论先行。文章只有一个中心思想，放在文章的最前面——寒门真的再难出贵子吗？第二，以上统下。每一层思想都是对下一层思想的总结概括。第三，归类分组。每一组的思想必须在同一层的逻辑范畴内。第四，逻辑递进。每一组的思想必须按照逻辑顺序进行排列。

基于金字塔思维的表达，让她的演讲观点清晰、思想积极、重点突出、逻辑清晰、层次分明、简单易懂、论证有力、文采飞扬，尤其是她自己从农村奋斗到北大的经历，让她的论点非常具有说服力。

简而言之，口头表达的背后是一种思维方式，采用金字塔思维可以让你的表达主题更加明确、内容更加结构化和条理化，让听众更容易理解、记忆和产生共鸣。

37 说服技巧
讲好故事比数据逻辑更有力量

有人说："世界上两件事最难，一是把自己的思想装进别人的脑袋，二是把别人的钱装进自己的口袋。"例如，我们大家熟悉的《三国演义》中，诸葛亮舌战群儒，最终成功说服孙权联刘抗曹，就是一个说服他人的经典案例。中国历史上有一种专门的职业，就是"说客"。

说服，就是向他人推销你的观点或者产品，并让对方心悦诚服地接受，这是一种很重要、很有挑战性的沟通方式。今天，我们在面试求职、竞选演说、工作动员、产品销售、商务谈判、工作安排等场合经常会用到这一技巧。从根本意义上讲，说服不只是让对方接受你的观点，而是唤醒对方对你的观点的认同，而这个观点说出了他们的诉求。说服他人不是一件容易的事情，我们每个人都有一堵"思维之墙"，或者"思维之网"，用来防卫他人的思想和观点，尤其是对于产品推销这样的事情，我们有很强的防卫之心。

我们无法通过智力和观点去影响别人，情感却能做到这一点。

那什么会带来情感共鸣从而影响别人呢？那就是讲故事。

我们很多人喜欢看 TED 的精彩演讲。但事实上，大部分 TED 的演讲嘉宾，都是一辈子搞研究、做实验的学者。他们是怎么做出那么精彩的演讲的呢？在演讲前，TED 官方会给所有演讲者进行特别的培训，其中的关键就是教他们"如何讲好一个故事"。因为只有故事，才能产生共情、建立人与人之间的连接。我们看到，沟通高手都善于运用故事的力量。

下面我们来看一个苹果创始人乔布斯的案例。乔布斯是全世界最会讲故事、最具销售说服力的人之一，他的新产品发布会和演讲，常常能唤起听众的热情和共鸣，对听众产生长远和深刻的影响。乔布斯 2005 年在斯坦福大学的毕业典礼演讲被誉为全球经典，其中关键的奥秘就是他讲故事的模式和 TED 的五要素模型非常相似。接下来，我们选择其中的关键部分进行分析（原文比较长，网上很容易搜到）。

乔布斯在演讲一开始，说："今天，很荣幸来到世界上最好的学校之一的毕业生毕业典礼。我没从大学毕业，说实话，这是我离大学毕业最近的一刻。今天，我只说三个故事，不谈大道理，三个故事就好。"

这一段话中他讲了三层意思，言简意赅。第一层是对斯坦福大学的崇敬，对同学们毕业的祝贺；第二层是对自己没有大学毕业的遗憾之意；第三层是今天演讲的目的和内容。

他的第一个故事，是关于大学退学的。他在里德学院学习了 6 个月之后就办理了退学手续，这件事情与他的出生、被收养和养父母困难的经济状况有关。退学之后他仍然在里德学院学习了18个月，旁听了全美最好的书法课。这些艰难的经历和美好的时刻在多年之后串联起来，塑造了他的世界观、人生观和价值观，并成为他后来创办苹果公司的思想源头。所以他说："你得相信，你现在所体会的东西，将来多多少少会串联在一起。"

第二个故事关于得失。在苹果公司快速发展的时候，他雇用了百事可乐的总裁斯卡利担任 CEO。当他们发生分歧的时候，董事会站在斯卡利一边，炒掉了创始人乔布斯。这段痛苦的经历在10多年之后让乔布斯认识到，如果当年苹果公司没开除他，就没有 NeXT 公司和 Pixar 公司的《玩具总动员》，也就没有后来苹果公司买下 NeXT，他重新回到苹果公司，带领苹果公司实现伟大复兴的故事。

他说："有时候，人生会用砖头打你的头。不要丧失信心。我确信，我爱我所做的事情，这就是这些年来支持我继续走下去的唯一理由。"我们每个人都要找到自己热爱的事业，才能够在挫折和失败中不迷失、保持初心。

第三个故事关于死亡。他17岁时，读到一则格言："把每一天都当成生命中的最后一天，你就会感到轻松自在。"在之后33年里，他每天早上都会照镜子自问："如果今天是生命的最后一天，我要做些什么？"他后来被诊断出癌症以及之后的治疗过程，也让他对生命有了全新的认识。

最后他告诉斯坦福的毕业生："你们的时间有限，所以不要浪费在重复他人的生活上……最重要的是，你要有勇气去听从你直觉和心灵的指引，它们在某种程度上知道你想要成为什么样子。"

接下来，我们用 TED 讲故事的模型来进行梳理和分析，帮助你更好地理解乔布斯的演讲，以及准备你自己的故事。TED 的演讲模型认为，一个好的故事包括五个要素，其中有三个基本要素和两个附加要素。

三个基本要素是**冲突、行动和结果**，两个附加要素是**情感和展示**。

在乔布斯的第一个故事中，冲突是他有强烈的求学愿望，但是家里的经济条件不允许。从里德学院退学之后，他采取的行动是仍然坚持在学校学习了 18 个月，尤其是听了最好的书法课。结果是他学习到的书法课对后来苹果产品的成功产生了重要影响。

在乔布斯的第二故事中，冲突是他全力以赴要做好苹果公司，但被董事会逐出公司。他的行动是在短暂的痛苦和迷茫之后，先后创办了 NeXT 公司和 Pixar 公司，无意中为后来重返苹果公司做好了准备。结果就是他重返苹果公司，带领苹果公司实现了伟大复兴。

那么，附加要素的情感和展示是如何体现的呢？情感的作用是建立跟听众之间的连接，引起共鸣，展示的作用是让观众或读者身临其境。

在第一个故事中，乔布斯讲述了自己在婴儿时期被领养的曲折经历，他说："我的养父母在一天半夜里接到一通电话，问他们'有一名意外出生的男孩，你们要领养他吗'，他们的回答是'当然要'。"这让听众有强烈的情感连接和现场感，这也是乔布斯发自内心的声音，让我们了解他曲折和独特的人生经历，更好地理解他的世界观、人生观和价值观。

所以，如果你要发表一个演讲、举行一场动员会、销售一个观点，一定要讲好一个故事。故事可以关于你自己、客户、技术、产品等。让人产生身临其境的代入感，就成功了一半。

38 高效会议
是什么让谷歌团队持续高效

有一本畅销书叫《该死的会议》，引发了很多人的共鸣。哈佛商学院的一项研究显示，大公司 CEO 平均每周要开 37 次会议，会议时间占总工作时间的 72%。没有哪个管理者可以离开会议开展工作，会议在很大程度上决定了你的决策质量和团队的沟通合作效果。我们很多人都有这样的经历：有的会议可能根本不需要参加，但你被通知参加，无可奈何地白白浪费 2 个小时；有的会议主题不明，参会人员缺乏准备，开了半天无果而终；还有的会议被少数人把持，啰啰唆唆讲得太多，让其他人没有参与感，最终用脚投票。那如何让你又恨又离不开的会议变得高效和愉快呢？

下面我们来看一个案例。在谷歌 CEO 埃里克·施密特写的一本关于谷歌公司管理的书《重新定义公司》当中，他讲到这样一个案例：

> 谷歌公司创立不久之后，当时最热门的门户网站之一美国在线与时代华纳公司合并，它们希望与谷歌公司签订合作协议，作为 CEO 的施密特和谷歌的两位创始人有不同的观点，意见分歧还很明显。为了分析清楚问题，达成管理团队的共识，施密特提出他们要在 6 周内做出最后的决定。在之后的 6 周，每天下午 4 点钟，管理团队都会聚在一起开会，讨论与美国在线的合作问题。一开始，会议的进展并不显著，但是随着管理团队每天对同一问题深入讨论，大家对谷歌广告引擎给客户的价值进行了充分的分析。分析结果告诉管理团队，合作的风险并不像之前想象得那么大，这笔交易谷歌是有能力承担的，是有益的。最后，双方不仅签署了合作合同，还取得了超出合同要求的成果。而这样的结果，在谈判初期，是谁都无法预料的。因此，要做一个事关重大的决策，你就需要每天开会，从各个角度深入细致地讨论问题，最后建立起共识，才能做出正确的决策。

从谷歌公司的这个案例中，我们看到了会议对分享信息、求同存异的积极作用。《哈佛商业评论》的一篇文章说，在过去的 20 年里，职业经理人在团队合作中花费的时间要比员工高出 50% 以上。在很多公司，领导者一天超过 3/4 的时间都花在和团队沟通的会议上，或者花在其他会议上。谷歌搜索产品的前副总裁玛丽莎·梅耶尔说，她平均每周开差不多70个会议。在谷歌这样的公司里，大部分工作是通过会议来推动的，梅耶尔的目标就是确保她的团队有明确的工作指令、战略方向，以及有足够支撑行动的信息，同时让团队成员感觉有前进的动力，并受到尊重。

作为全球最具创新力的公司，谷歌公司的会议这么多，它是如何确保会议有效性的呢？在《重新定义公司》这本书中，施密特介绍了谷歌公司会议的八项准则：

- 准则1：会议应该有一位决策者或主持人。
- 准则2：决策者应当亲力亲为，他应该召开会议、保证会议质量、设立会议目标、确定与会人员，以及至少提前24小时通知会议议程。在会议结束的48小时内，决策者应该用电子邮件向每位与会者，以及任何需要了解会议情况的人传达会议达成的决策以及待办事项。
- 准则3：明确会议的参与者，让大家提前做好会议准备。
- 准则4：会议应该很容易取消，会议都应该设立一个目标，假如会议目标不明确或会议没能达成既定的目标，那么这样的会议也许并不必要，就应该立刻取消。
- 准则5：会议规模应以便于管理为宜，与会者最好不超过8人，10人是上限。与会的每个人都有权发表自己的意见，如果其他人需要对会议结果有所了解，就应该把会议纪要发给他们，而不是让他们来当会议的旁听者。

  对于如何提高开会效率这个问题，尤其是在会议人数这一点上，亚马逊的创始人兼CEO贝佐斯提出了一个著名的"两个比萨饼原则",也就是参会人数不能多到两个比萨饼还不够他们吃的地步。
- 准则6:出席必要的会议。如果你的出席对会议不必要,那就应该退场;如果你可以在会前婉言谢绝,当然就更好了。
- 准则7:守时很重要。确保会议准时开始、准时结束。
- 准则8:开会时就认真开会,不带电脑和手机,每名与会者都应该把注意力集中在会议上,而不应因其他任务分心。

谷歌的这八项会议准则,极大地提高了会议的效果。此外,谷歌还提出了会议过程中沟通的四项原则:

- **第一,均等分配说话时间**。例如,每个人每次发言不超过2分钟,这表达了对彼此的尊重,让每一个人都有平等的发言机会。
- **第二,提高社会敏感度**。考虑到人员的多元化背景,每个人都要擅长通过他人的语音语调、表达方式以及其他非语言线索,来理解对方的感受,让对方乐意参与进来。
- **第三,建立心理安全感**。让团队成员相信这个团队中的人际交往是安全的,这有利于促进信任和相互尊重,有利于大家的坦诚沟通。
- **第四,认识到任务的重要性**。激励每个人勇于担当,积极为完成任务做出相应的贡献。

实际上,没有哪个领导者、哪个团队可以离开会议来工作,甚至像谷歌这样最成功的公司都经常开会。**会议是分享信息、沟通**

观点、形成共识、做出决策、督导执行最重要的工具，重要的不是回避会议，而是组织必要的、精简的、高效的会议，让会议有明确的目标，让必要的参会人员有参与感，会议结束之后有行动的意愿和行动的方案。谷歌的8项会议准则对我们有积极的启示。

39 向上管理
为什么主动沟通的人更容易获得晋升

有一次，我去一家知名银行上课，企业大学校长告诉我，他们的总行行长要求在领导力课堂当中加入"向上管理"的内容。这个要求让大家很困惑，我们都很熟悉如何管理自己的下属，但怎样管理自己的上司是一个新课题。

"向上管理"概念得到企业界的重视，源于彼得·德鲁克的著作《卓有成效的管理者》。德鲁克认为，一个好的管理者需要做好向上管理，充分发挥你的上司的长处，这是一个管理者工作卓有成效的关键。向上沟通是向上管理的关键部分。今天，我们把这个概念做一点延伸，所谓向上管理，就是你要主动积极地去和上司沟通，了解和理解上司的要求、想法，了解上司的工作方式和优缺点，及时和上司建立起共识、共鸣、共振，也就是"同频共振"，发挥各自的优势和长处，从而实现共赢。

我们首先来看一个向上管理的案例。有一次我在中欧国际工商管理学院的论坛，听到中国人在外企做得最好的职业经理人之一、全球最大的制药企业辉瑞公司的中国区总裁吴晓滨博士讲述他自己的一个故事,给我留下了非常深刻的印象。

吴晓滨在到辉瑞公司之前,是全球最大的奶粉企业之一惠氏的中国区总裁。刚刚到惠氏的时候,他认为获得成功的第一关键是中国区和总部之间的有效沟通,也就是要管理好总部的上司,这是所有跨国企业地区市场的一把手面临的首要挑战。

为了赢得总部的关注,他上任不久,就特意飞往美国总部,精心准备了一场关于中国的报告会。结果会议的报告厅爆满,影响巨大,让总部领导和各部门领导都了解了中国市场,对中国市场更加地重视和支持。在惠氏期间,他曾3次被邀请到总部管理层年会上做演讲,他抓住这些机会陈述中国市场的巨大潜力和中国区团队的优秀,让总部更加了解、理解和支持他们。

其中一个非常有趣的案例是,他在惠氏刚刚上任的时候,总部授权他在中国找一位懂中文、懂中国市场的首席财务官。他对总部说不行,一定要从总部派过来。他要求首席财务官满足三个条件:首先,这个人要在总部有很好的影响力,有很长的工作时间,充分熟悉总部的运作系统,能够和总部高管很好地沟通,能够帮助中国的领导团队获得总部的信任。其次,他希望这位首席财务官是一个足够"强势"、能够对总部说"不"的人。最后,首席财务官还能够对他说"不"。符合这样条件的人很难找,但是在他的一再坚持之下,总部花费了很大精力,终于找到一位基本符合条件的首席财务官。他来到中国之后，吴博士把他所有的信息都向这位首席财务官开放，让他充分了解中国市场的全部情况，以及他个人的财务情况，从而赢得了总部的信任。后来，总部要做一个重大的在亚洲投资的决策，这是一个投资20亿元人民币建立生产基地的项目，原本是准备放在另外一个国家的。在吴晓滨和首席财务官的努力之下，总部的董事们认识到，将该投资放在中国对亚洲市场是最有利的。原本这是一个非常不容易推翻的决定，因为这个决定已经做出来了。但由于首席财务官在总部的影响力和信任度，最后，董事会决定把这个项目放在苏州工业园区，建立了全球最大的婴幼儿配方奶粉生产基地。

从这个案例中我们可以看到，吴晓滨博士深谙在跨国公司中向上管理的重要性，他善于主动、积极和坦诚地与总部进行沟通，赢得总部的信任、理解和支持，从而成为跨国公司中最成功的职业经理人之一。

那么，我们如何进行有效的向上管理呢？关键有两点：

首先，获得上司的信任。信任是合作的基础，是赢得上司授权和资源支持的关键。建立信任的关键，是要能够主动、坦诚地沟通，要实事求是，要说到做到，要勇于担当，要靠谱，要信息透明。当遇到问题或者是出错的时候，要敢于承认自己的不足和错误，而不是遮遮掩掩、报喜不报忧。只有这样才能建立起深度的信任。

其次，向上沟通。当与上级建立了良好的信任关系之后，接

第8章 管理沟通

下来就要运用好管理上级的沟通智慧。这样既可以避免做无用功，又可以充分挖掘和理解上级的潜在需求，进而成为上级的帮手，还可以实现自己在工作中的价值。

那么，如何做好向上沟通呢？

第一，了解领导的目标和"痛点"。

从某种意义上讲，你的工作是领导管辖工作的一部分，领导的重点就是你的重点，领导的痛点就是你的痛点，你要主动换位思考，替领导分忧解难，要想领导所想，急领导所急，这样才能在沟通中谈到他关切的问题，引起他的重视。

第二，了解领导的沟通模式。

你要搞清楚领导的信息接收方式，有的领导是听觉型，有的领导是视觉型。简单来说，所谓听觉型，就是希望你当面给他汇报，或者是给他打电话，在倾听和互动的沟通过程中来获取信息；所谓视觉型，就是喜欢自己获取信息，希望你给他写邮件，写报告，他自己通过阅读来获取信息。

第三，了解领导的作息习惯。

每一个领导都有自己的时间安排。如果你要和领导见面沟通，最好提前预约。比如，大多数领导喜欢周一上午在公司开管理例会，下午开一些内部的专题会议，或者是一对一地进行沟通，周二就会出差。所以，你要了解他一周的时间安排和一天的时间安排，找到一个最佳的时间点和他沟通。

第四，了解领导的管理风格。

有的领导比较喜欢授权，有的领导喜欢事无巨细，这就要求你了解他们的管理风格。有的人可能觉得，既然领导把工作交给我，那我只要在他要求的最后一天之前完成就可以了，中间有什么问题我自己解决，不用向他汇报。但是，这对某些领导而言是大忌，他可能希望你在过程中经常性地沟通事情的进展，避免到最后出了问题，或者不能解决才告诉他。

第五，了解你的角色定位。

在工作中，上下级之间难免会有意见上的不同和冲突，要千万注意自己的角色。作为下级，你可以坦诚地讲出自己的观点，但是如果你的意见和领导之间有冲突，最后你还是要尊重领导的主见和决定。你首先还是要去执行，而不是反对、不执行。此外，领导通常不喜欢你公开批评他的管理风格、决策、用人等。你如果对他有意见，可以私下和他一对一地讨论这些敏感的问题，避免在公众场合还有在他背后和其他人讨论这些话题。

40 关键对话
如何通过冲突性对话增强信任与合作

对话是一种需要双方深度交流的重要沟通形式，是领导艺术的重要体现。你是否有过在某次对话之前彻夜难眠的经历呢？这类对话在学术上称作"关键对话"。有一本全球畅销书《关键对话》⊖，讲的是在你的职业生涯中经常会遇到的有分歧、事关重大、情绪激动的对话。例如，你在绩效谈话的时候兴冲冲地向上司提

⊖ 本书中文版已由机械工业出版社出版。

出升职加薪的想法,却被泼了一头冷水;你要求下属加班完成一个重要项目,下属却以沉默相对抗;你去拜会重要客户,对方却冷脸相对……关键对话普遍存在,处理得好,可以化干戈为玉帛,增进双方的关系;处理不好,就可能造成重大冲突,甚至带来重大损失,成为你职场的"滑铁卢"。

在很多企业、团队和人际关系中,长期存在着一些严重的关系矛盾,这些矛盾的积累都源于我们不擅长关键对话。所以,企业的经理人员、团队成员,甚至是父子、夫妻,都要学会应对在情绪上和观点上充满风险的冲突问题。

接下来我们看一个美国第一任总统华盛顿的案例:

> 当华盛顿还是一位年轻上校的时候,他率领部队驻扎在弗吉尼亚州。当时,那里正在选举议员,他支持的一位候选人遭到一名叫威廉·佩恩的人的强烈反对。
>
> 有一天,他和佩恩在一家酒馆相遇了,他们就候选人的问题展开了激烈的争论。华盛顿的言论激怒了佩恩,佩恩挥拳将华盛顿打倒在地。华盛顿的部下听到这个消息,群情激愤,马上过来准备替他们的上司报仇。但华盛顿当场加以阻止,并劝说大家返回营地,一场一触即发的冲突被制止了。
>
> 第二天一早,华盛顿派人送给佩恩一张纸条,希望他尽快赶到当地的一家小酒馆见面。佩恩怀着凶多吉少的心情如约到来,他猜想华盛顿一定是怀恨在心,要和他进行一场决斗。然而,出乎他意料的是,当华盛顿看

到他走来的时候,立刻起身相迎,并笑着伸过手去,说道:"佩恩先生,我们都是人,不是上帝,也有犯错误的时候。昨天发生的事情是我的不对,你昨天已经教训了我。如果你认为这件事情可以到此为止的话,那么,让我们交个朋友吧。"佩恩听了之后,非常感动,激动地伸过手来言和。从那以后,佩恩就成为华盛顿的忠诚拥护者。

从这个案例可以看到,华盛顿在和对方发生激烈的冲突之后,最关键的一步就是控制住自己的情绪,让自己冷静下来,换位思考,客观地认识到自己言辞的不妥,大度地原谅对方的鲁莽,赢得了对方的尊重,最终化干戈为玉帛,化对手为朋友。这也许是他后来成为美国最伟大总统的重要原因之一吧。

那么,有什么科学的方法可以指导我们将人际关系的冲突化为合作共赢呢?《关键对话》总结了七个具有指导意义的实用技巧供你参考。

第一,从"心"开始。 首先要明确你内心的目的是什么。如果你发现自己即将在对话中陷入沉默或情绪爆发,请停止对话,冷静思考你的对话动机。请问自己这样一个问题:我现在的行为显示出了我的什么动机?明确自己的真正目的之后,问自己下一个问题:我想为双方的关系做些什么?最后,问自己:如果这是我真正的目的,我该怎么做?明确你希望达成的目的和不希望发生的状况之后,想办法找到实现健康对话的方式。

第二,注意观察。 你需要在对话过程中观察以下几个方面:对话的内容和气氛,对话在哪些情况下会变得难以处理,对方是否陷入了沉默或情绪爆发,你的错误应对方式会在什么情况下出现。

第三,保证安全。当对方出现沉默或情绪爆发时,你应当暂时停止对话,营造安全的气氛,让对方放松下来,在必要时可以向对方道歉。当对方误解你的目的或意图时,想办法消除误会,在安全气氛恢复之后,再继续进行对话。

第四,控制想法。如果你在对话中陷入沉默或产生激烈的情绪,你应当做几次深呼吸,让自己身心慢下来,询问自己以下这些问题:我在这个对话中的责任是什么?一个理智和正常的人会怎样做?我的真实目的是什么?要想实现这些目的,现在我该怎么做?

第五,陈述观点。和对方讨论棘手问题,或是感觉自己可能会强迫对方接受自己的观点时,你应当采取综合陈述法,逐步建立共识。首先分析事实经过,从争议最少、最有说服力的事实谈起,说出你的想法。同时,说明你根据这些事实得出的结论,征询对方的意见,鼓励对方说出他们看到的事实和相关的想法。然后,做出试探性表述,承认这些结论只是你的想法,不一定是事实。营造一种安全感,鼓励对方说出不同甚至对立的观点。

第六,了解动机。要想鼓励双方自由、坦诚地交流,你应当了解对方的动机和需要。在对话中表现出好奇心和耐心,只有这样才能营造安全感。

第七,开始行动。当达成一致意见、需要采取行动的时候,你需要明确说明行动人、行动目标、行动时间表,并按时进行检查。最后，你应当督促双方对做出的承诺负责。

当你在关键对话中采用以上七个技巧时，相信你一定可以驾驭好对话的气氛、节奏和结果。

结语

领导就是沟通。作为领导者，你可能平均每天70%左右的时间通过沟通开展领导工作，以分享信息、建立共识、形成决策、督导执行。因此，沟通的有效性决定了你工作的有效性。

本章的主题是"管理沟通"，我们主要从口头表达、说服技巧、高效会议、向上管理和关键对话五个基本方面进行学习，主要启示如下：

- 口头表达既要表达清楚自己的思想，也要让对方理解自己的思想，它是我们日常沟通协作最重要的基础能力。口头表达要遵循麦肯锡的金字塔原理，理清表达背后的思维逻辑，做到"结论先行、以上统下、归类分组、逻辑递进"，让自己的表达有条不紊，让听众感觉到你的观点明确、层次分明、有理有据。

- 说服他人的关键是要讲好一个故事，通过故事吸引对方的注意力，产生情感共鸣，从而穿越对方的思维和情绪防卫，赢得信任和信服。成功培养大量高水平演讲者的TED演讲模型告诉我们，一个好的故事包括三个基本要素——冲突、行动和结果，两个附加要素——情感和展示。

- 会议是分享信息、建立共识、形成决策、督导执行最重要的手段，是领导工作最重要的体现之一。作为领导者，你大部分时间是在会议中度过的，因此，组织成功的会议是高效工作和愉快工作的关键。谷歌 CEO 施密特在《重新定义公司》中介绍的谷歌公司会议的八项准则，从会议的出席人员、主持流程、目标设定、时间管理、发言要求等方面提出了明确的要求，大大提高了会议的效能。

- 积极的向上管理是一种在组织中获得成功的工作艺术。德鲁克启示我们，帮助上司获得成功是我们成功的关键。这就需要你了解上司的领导风格和优劣势，发挥上司的长处。向上沟通的五个方法是：了解领导的目标和"痛点"，了解领导的沟通模式，了解领导的作息习惯，了解领导的管理风格，了解你的角色定位。

- 关键对话往往发生在你推进工作的关键节点，是检验你领导力成色的关键，成功的领导者都是关键对话的高手。在涉及重大利益和风险、观点不一致甚至对立、出现激烈情绪冲突的对话中，让你的价值观、情绪和领导能力充分暴露，让他人看见冲突中的你能否既坚持原则又灵活务实地处理复杂的冲突。《关键对话》提出的七个技巧是很实用的方法。

第 9 章

领导"自由人"

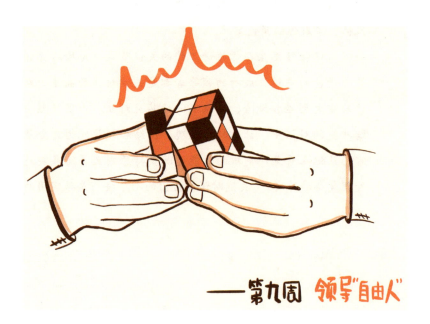

——第九周 领导"自由人"

第 9 章
领导"自由人"

导言

夫运筹帷幄之中,决胜千里之外,吾不如子房;镇国家,抚百姓,给饷馈,不绝粮道,吾不如萧何;连百万之众,战必胜,攻必取,吾不如韩信。三者皆人杰,吾能用之,此吾所以取天下者也。

——汉高祖刘邦

卓有成效的管理者能使人发挥其长处。他知道只抓住缺点和短处是干不成任何事的,为实现目标,必须用人所长。利用好这些长处可以给你带来真正的机会。充分发挥人的长处,才是组织存在的唯一目的。

——彼得·德鲁克《卓有成效的管理者》

领导永远不要跟下属比技能,下属肯定比你强。如果不比你强,说明你请错了人。

——马云

在前面8章,我们围绕"领导自我"和"领导团队"学习了八大主题:成为更好的自己、认识自我(一)、认识自我(二)、领导能力、领导行为、组建团队、教练赋能及管理沟通。

我们花了很多篇幅强调领导者的重要性,但事实上,没有卓越的下属,卓越的领导者是无法成就卓越的,尤其是在未来的创意经济时代。领导者总是比下属懂得多的时代已经一去不复返了,你要学会领导比你专业能力更强、更有创意的下属,请他们成就你的梦想,也要成就他们的梦想。

接下来我们首先厘清领导的对象。你认为"90后"下属和"80后"下属有何不同?你了解"90后"(或"95后")下属的特征吗?最近,网上流传着一个关于离职理由的段子,可以帮我们很好地了解不同时代的人的需求。"60后"问:什么是离职?"70后"问:为什么要离职呢?"80后"说:收入不高我就离职;"90后"说:领导骂我就离职;"95后"说:感觉不爽就离职;"00后"说:领导不听话就离职。很多领导看到这句话之后,苦笑着说:"队伍越来越难带呀!"

本章的主题是"领导'自由人'"。所谓"自由人",是被誉为"互联网原住民"的"90后""95后"甚至"00后"的相对独立自主的一个特殊称谓——他们天然习惯使用互联网获取信息和进行社交,受过良好的教育,有较好的全球视野和批判性思维,独立、自主、率性、真实、平等、有梦想、敢作敢为、工作流动性大,这对传统的指挥型领导方式提出了新的挑战。虽然10多年前人们也大谈"领导'80后'",但生活相对富足且有互联网背景的"90后",与之前各个世代相比,有着较为鲜明的"自由人"特征。在西方被称为"千禧一代"(出生于1980~1996年)

和 Z 世代（1997 年之后出生）的群体，他们的基本特质与中国的"90 后"有很多相似的地方。

对于未来职场的发展趋势，全球最大的调查机构盖洛普公司在新书 *It's the Manager* 中提出"千禧一代"和"Z 世代"的六大特征：①不仅仅是为了薪水而工作，他们想要有意义感；②不再追求工作的满意度，而是职业发展；③不想要一个老板，而是想要一个教练；④不想要年度评估，而想要经常的持续的对话；⑤不想经理关注他们的弱点，而是关注他们的优势；⑥不是找一份工作，而是找一种生活。

本章"领导'自由人'"的内容包括五个方面：自由人、参与感、游戏化管理、及时反馈和宽容失败。我们一起来探讨，如何更好地理解"90 后"、领导"自由人"，充分发挥他们的优势，激发他们的工作热情，实现公司和员工的双赢。

41 自由人
认识"90 后"的基本特质

"自由人"是一个打引号的称谓，用以概括"90 后"甚至"00 后"的基本特征，指他们生长在经济相对富足和社会比较开放的互联网时代，受教育程度较高，见多识广，崇尚独立自主，在获取信息、做出选择的时候，有更大的自由度、自主性，他们更多地基于自己的兴趣爱好去做选择，而不会受到父母和物质条件的约束。

有调查发现，职场中的"90后"员工更加注重自我，追求个性，"一言不合就辞职"的现象在职场很普遍。很多HR说，他们约"90后"来面试，10个人最后只有2、3个人来，而没有来的7、8个人连招呼都不打。因此，作为团队领导者，我们首先要了解"90后"的基本特质，以用人所长，实现双赢。

我们接下来看三个"90后"的小案例，来进一步了解他们：

有一个在微信圈刷屏的新闻，题目叫《第一批"90后"已经当教授了》。出生于1990年，2018年从同济大学物理学专业博士毕业的李东，获聘成为湖南大学材料科学与工程学院的教授与博士生导师。此外，2012年3月中南大学聘任22岁的刘路为正教授级研究员。2015年10月，入选第十二批"国家青年千人项目"的刘明侦被电子科技大学聘为教授，当时她只有25岁。这样的"90后"教授越来越多。

同时，在创业领域，也有越来越多的"90后"崭露头角。例如，深鉴科技的CEO姚颂，1992年出生，2011年保送到清华大学电子系读本科，25岁入选创业邦"30岁以下创业新贵"，2016荣获共青团中央主办的"创青春"中航工业全国大学生创业大赛金奖。

姚颂是一位年轻创业者，2015年从清华大学电子系本科毕业。毕业时，姚颂拿到了美国卡内基梅隆大学的博士录取通知书，但他最后选择跟他本科导师汪玉博士，和当时在攻读斯坦福大学电子工程博士学位的韩松，一起创立了深鉴科技。后续他又邀请汪玉的第一个博士生单羿加入。汪玉教授是一位"80后"，2020年被任命为清华大学电子工程系主任。

2016年，在OpenPOWER峰会上，世界FPGA芯片巨头赛灵思（Xilinx）介绍了有关深度学习处理器的新方法，而其中有关技术的部分大多来自中国的这家初创公司——深鉴科技。2017年年初，在全球顶级学术大会FPGA2017会议上，深鉴科技又成为该届最佳论文奖的唯一获得者。

除了技术方面在行业内获得高度认可之外，深鉴科技在资本市场的表现也十分漂亮。自2016年3月成立以来，深鉴科技先后获得了天使轮到A+轮共3轮融资，累计融资金额超1亿美元，投资方均为相关领域的佼佼者，有金沙江创投、高榕资本、清华控股、蚂蚁金服等。

2018年7月，创立仅3年的深鉴科技对外正式宣布被赛灵思收购。深鉴科技拥有业界较为领先的机器学习能力，专注于神经网络剪枝、深度压缩技术及系统级优化。此次交易的具体财务条款未对外披露，业界评估收购金额为3亿美元左右。

在谈到为什么没有出国留学或者加入外企大公司时，姚颂说："在这样的阶段，一眼就看到10年后的自己，基本能够预测未来的生活状况。一眼看到尽头的人生，不太适合我。"

同样，在华为公司的18万员工中，有5万多位"泛90后"员工（也就是"85后""90后"员工）。华为出版的《枪林弹雨中成长》一书讲述了华为员工远征世界170多个国家的故事，华为"泛90后"员工的故事尤其令人刮目相看。他们经常说："我的人生我做主，我的世界我做主。"但是做主的背后是什么呢？是自我承担和社会承担。为自己、为他人承担责任，是成年人最核心的标准。

其中有一位年轻的华为员工Linda，在条件艰苦的非洲待了整整8年，去过35个国家。有一天，她在中国香港机场，看到外面灿烂的晚霞（她不知多少次在这里中转飞机，对香港机场太熟悉了），一下子忍不住内心的兴奋，就把个人签名改为"走遍世界无人去过的角落"。这样的例子还有很多。

从上面几位"90后"教授、深鉴科技创始人姚颂和华为员工的身上，我们看到了今天"90后"的一些共同特质。他们和之前的"60后""70后""80后"，并没有什么根本的不同，他们也都是有梦想、有担当、有创造力的一群人，只是在今天这个移动互联网和全球化时代，他们能更加自主、更有自由度地去做出选择，探索自己梦想的职业和人生。

此外，中国高校的创新创业教育改革也极大地激发了亿万青少年的热情和创意。在2018年举办的第11届"创青春"全国大学生创业大赛中，校、省、全国三级赛事共有全国2000余所高校逾百万大学生的15万余件参赛作品参赛，最终，包括港澳地区高校在内的 197 所高校共 369 件作品脱颖而出，入围终审决赛。在教育部主办的 2019 年第五届"互联网+"大学生创新创业大赛中，共有来自全球五大洲 124 个国家和地区 4093 所院校的 457 万名大学生（其中不包括萌芽板块的 182 所高中学校）共 109 万个团队报名参赛。这些高层次、持续性的校园创新创业活动营造了一个鼓励创意、创新、创业的宽松氛围，激发了青年大学生的活力和创造力，也为企业界输送了新时代的"创意知识员工"。

著名职场机构领英的一项调查发现，"90 后"有更独立自主的态度，在工作热情上"90 后"比"80 后"更加积极，他们对升职加薪等物质回报没有那么看重，反而更加看重学习和发展空间。"90 后"中有 83.5% 的人表示不在乎加班。同时，57% 的"90 后"表示自己会受到工作成就的激励，而这样认为的"80 后"仅有 42.9%。对于"90 后"的管理和激励，除了用金钱与制度，还需要不断给予他们能够发挥能力的富有挑战性的工作，并及时对他们取得的成绩给予认可和反馈。

如何理解"90 后"的"自由人"特征呢？我们总结出 7 点，供你参考：

- 崇尚自由、平等，不喜欢被严格的规章制度约束，喜欢平等、民主、宽松的工作氛围。
- 张扬自我个性，富有自信心，自我实现欲望强烈，有很强的参与意识。喜欢富有挑战性和趣味性的工作，注重工作带来的心理和精神上的满足。自我期望高，表现欲强，特立独行，渴望得到认可与表扬。
- 追求工作中的快乐，他们更在乎工作带来的乐趣和成就感。
- 好奇心更强，学习能力与接受能力强。善于且乐于接受新事物，深受互联网的影响，热衷于网络聊天、上网冲浪、交朋友。
- 创造力、想象力丰富。思维开阔、新颖、活跃，富有创新精神。
- 习惯通过互联网等多种方式获取信息，信息量大，见多识广，比较难"忽悠"。以前做领导的信息优势，在这种背景下就消失了。
- 从缺点上讲，因为成长相对顺利，他们的心理承受能力相对较差、抗压性较弱。一旦需求得不到满足或未能达到预期目标，容易产生挫败感，受不得委屈与批评，情绪容易波动。

42 参与感
增强员工的主人翁责任感

小米公司出过一本畅销书《参与感》，作者指出，小米品牌快速崛起的背后，是社会化媒体下的口碑传播，小米口碑的核心关键词是"参与感"。当小米开发产品时，数十万消费者热情地出谋划策；当小米新品上线时，几分钟内，数百万消费者涌入网站参与抢购，数亿销售额瞬间达成；当小米要推广产品时，上千万消费者兴奋地奔走相告；当小米产品售出后，几千万消费者又积极地参与到产品的口碑传播和每周的更新完善之中。这是中国商业史上前所未有的奇观。通过互联网，消费者扮演着小米的产品经理、测试工程师、口碑推荐人、梦想赞助商等各种角色，他们热情饱满地参与到一个品牌发展的各个细节当中。

建立参与感实际上是建立利益相关者同盟，让大家都参与进来，有难同当、有福同享。外部客户和内部员工都是利益相关者，可以激发他们的参与感，尤其是对于具有很强参与意识的"90后"。**所谓参与感，就是让员工参与公司和团队的重大决策，及时分享关键信息，倾听员工的意见和建议，让员工感到被信任、被尊重，有较大的知情权和参与权，获得一定的自主决策权，从而提高员工的敬业度。**这在知识员工占主体的公司尤其重要。优秀的员工都渴望参与，渴望了解公司的全局，发挥自身的优势，为公司做出最大的贡献，与公司一起成长。

实际上，在20世纪80年代，伟大的通用电气公司在杰克·韦尔奇领导下就发起了一个叫"群策群力"的企业文化再造运动，号召全体员工参与管理、建言献策，极大地调动了全体员工的参与度，让百年老店通用电气再次焕发了生机，实现了业绩的持续高速增长。我记得其中有一个故事是，一位在通用电气工作了20年的老员工说："过去20年，公司只用了我的双手，今天第一次用我的大脑。"这个故事给我的印象非常深刻。

最近，领英的创始人里德·霍夫曼撰写了一本有关互联网时代人才变革的书叫《联盟》，他讲到迪士尼和亚马逊公司员工的故事，令人印象非常深刻：

> 我们很多人可能都看过电影《玩具总动员》和《海底总动员》，这两部电影是皮克斯有史以来最成功的电影，每一部电影的票房都达到几亿美元。但这些最成功的电影背后的功臣约翰·拉塞特，却是被老东家迪士尼开除的人。他的职业生涯是从迪士尼开始的。当时拉塞特是一名年轻的动画设计师，有一天，一名同事给他看了一段当地会议的视频，视频中介绍了新兴的电脑动画技术。拉塞特立刻萌生了一个大胆的想法，迪士尼应该拍一部完全用电脑动画技术制作的电影。他找到自己的上司，说明了自己的想法，然后回到了自己的办公室。几分钟之后，他接到了迪士尼动画部总监的一个电话："你被解雇了！"理由是：他疯狂的想法，会让他无法专心工作。
>
> 后来，他不得不加入了乔布斯创办的皮克斯公司。1995年，皮克斯和迪士尼合作，推出了世界上首部电脑动画电影《玩具总动员》，取得了巨大的成功。2006年，也就是《玩具总动员》上映11年之后，也就是拉塞特被解雇23年之后，迪士尼才意识到拒绝电脑动画是一个错误，并把拉塞特请了回来，但购买皮克斯让迪士尼花了70多亿美元。
>
> 另外一个例子是亚马逊的员工向CEO贝佐斯提出了一个合理的建议，贝佐斯虚心听取了他的建议，最后成就了亚马逊在云计算领域领导者的地位。这个建议带来

的成果就是亚马逊网络服务业务（AWS），这项业务于2006年推出，2013年，为亚马逊贡献了38亿美元的收入，成为亚马逊最重要的竞争力业务之一。

这两个相反的例子说明，在创意员工占主体的公司，创意员工总是会有很多自己的建设性想法和建议，这是考验领导者前瞻性和包容力的关键。领导者要深刻地认识到，重视和发挥创意员工的积极性和创造性，是提高公司创新能力和竞争力的关键所在。

那么，如何培养员工的参与感，建立起利益共同体和事业共同体呢？有四个关键性因素，分别是授权、信息公开、培养能力，以及提供激励性报酬。

第一是授权。也就是要给具有独立承担责任能力的员工提供合适的决策权，包括用人权、财务权力、信息权力等。例如，在海底捞火锅店，副总、财务总监和大区经理有100万元以下开支的签字权，大宗采购部长、工程部长和小区经理有30万元的审批权，店长则有3万元以下的签字权。对于海底捞的一线员工来说，他们也同样有着比同行大得多的自主权。

第二是信息公开。公司应该确保公司的战略规划、管理政策、业务数据等关键信息及时、透明地公开，让员工获得基本的知情权，减少各层级信息传达的损失和曲解，这会大大提高员工的参与感，让他们把公司的整体情况和部门、岗位的工作紧密联系起来，增强工作的主动性和成就感。

第三是培养能力。"90后"员工越来越重视自身专业能力的提升，也就是自己人力资本的增值。公司要建立起正式和非正式的培训体系，运用"127理论"（即一个人能力的提升，10%来自正式培训，20%来自人际交流和标杆学习，70%来自实践），帮助员工持续不断地提升职业素养和专业能力，这是他们在日益激烈的市场竞争中的立身之本，也是企业的创新力和竞争力的真正来源。

第四是提供激励性报酬。恰当的报酬是对员工价值和贡献的认可，是员工持续努力的动力来源。提供富有竞争力的报酬，可以极大地调动员工的积极性和奋斗精神。激励性报酬包括工资、奖金、福利、期权、晋升的机会等。把短期回报和长期回报结合起来，可以大大提高员工的敬业度和忠诚度。

43 游戏化管理
如何"玩"出创造力

对于"90后"的创意员工，激发他们敬业度和创造力的最好方式，就是营造一种游戏化环境，激发他们的工作兴趣，这在有的公司称作"游戏化管理"，就是将游戏的目标、挑战、乐趣、成就和奖励等要素与商业流程、体系或系统结合起来，吸引和激励员工树立远大的理想，努力奋斗达到商业目的。

我们常说"兴趣是最好的向导"。兴趣是激发我们每个人内驱力的核心。喜欢玩游戏的人都曾体会忘掉周围一切的感觉，几个小时就像是一个瞬间，完全感受不到疲劳和辛苦。如果每天的工作也能够让员工产生这样的感受，对于员工个人和公司来讲都是双赢的局面。现在全球非常流行的积极心理学，也就是幸福学，其中有一个重要的概念叫心流，指的是创造性成就和能力的提高带来的满足感和愉快感。清华大学社会科学院院长彭凯平教授有一个生动的描述，**心流就是当一个人沉浸于一个状态当中，物我两忘**，忘记了周围的一切，也忘记了自己。全身心地投入到一个事情中去，这个过程会带来极大的创造力。

我们首先来看一个小案例。Facebook的创始人扎克伯格曾经讲过这样一个故事：在公司创办之初，他找到一位墙面绘画艺术家大卫·乔伊，为第一个总部的墙壁进行绘画。当时公司的现金很紧张，他就让大卫做出选择，是愿意拿到现金报酬，还是接受公司的股票。当时，大卫做出了一个非常明智的决定，选择了Facebook的股票，而不是现金。等到Facebook上市之后，大卫手里的股票价值超过了2亿美元。这个故事成为全球的一个美谈，让很多绘画师羡慕不已。

听到这个故事，我当时就想，扎克伯格为什么要找一位墙面绘画艺术家来给办公楼绘画呢？这个绘画的价值有那么高吗？后来Facebook在清华经管学院开办了"硅谷观察"系列讲座，在每一次上课的教室后面，都布满了各种Facebook的企业文化宣传画，非常有趣，非常有艺术感染力，让人在不知不觉中对Facebook的企业使命、愿景和价值观产生好感，在润物细无声的过程中接受了他们的使命、愿景和价值观。

前不久，我去了苹果公司的新总部和谷歌公司的总部，后来又去了腾讯公司新建好的总部大楼。你可以感受到他们营造的那种极具艺术想象力的工作环境，员工们喜欢这样的工作环境，这使他们觉得虽然疲惫但是不辛苦。在今天这个充满创意和变革的新时代，青年人的创造力得到极大的激发，尤其是在互联网公司和一些高科技的创新型公司。企业文化中的价值观、制度、行为和标识等的表现形式有了很大的不同，办公楼的设计、装修，会议室的命名，员工的名字、称呼，和传统的公司也都有很大的不同。在外企中，同事之间是用英文名字来称呼，感觉很平和、很亲切，不会叫到一个人的职务。在阿里巴巴，每个人都有一个花名，比如说马云的花名是风清扬，CEO张勇的花名是逍遥子。我也认识一些阿里巴巴的朋友，一段时间不联系之后，有的人我都记不得他们的真实姓名。这样一种环境就让人感觉自由、宽松，有想象力和创造力。

字节跳动是当下中国最具创新活力的公司之一，他们的一个产品是"飞书"。飞书第一版的启动页标语是"Develop a company as a product"，这是飞书的初心，也为飞书注入了有趣、高效、透明、平等的灵魂。飞书强大的协同功能体现了人们对沟通效率的极致追求，它将企业文化、管理方式放到线上，既让工作事半功倍，也让人们有更多精力追求丰富的生活。作为一家创新型科技公司，字节跳动的目标不只是建立全球化业务，更是用好的工具建立全球化多元兼容的组织。通过更好的组织，激发每个人的潜能和创造力，服务全球用户。

最近有一本风靡全球的关于游戏的书籍《游戏改变世界》，

第 9 章
领导"自由人"

作者简·麦戈尼格尔是著名未来学家，被《商业周刊》誉为"十大重要创新人士"之一，也是 TED 大会最受欢迎的演讲者之一。她的研究发现，游戏可以弥补现实世界的不足和缺陷，重塑人类积极的未来。未来属于能够理解、设计并会玩游戏的年轻人，如果人们继续忽视游戏，就会错失良机、失去未来。

有几个数据可以让我们看到游戏的重要性：数字游戏产业的收入现在已经达到 680 亿美元以上；《魔兽世界》所有玩家花在上面的总时间超过 593 万年，相当于人类演进的时长；美国青少年在 21 岁以前玩游戏的平均时间超过 1 万小时（众所周知，1 万小时的练习足以让任何人成为一个领域的专家）；在中国，"王者荣耀"的用户也超过了 2 亿人。所有这些让我们看到，游戏已经无处不在，我们不能够回避。

那么对于企业来讲，如何设计成功的游戏化管理体系呢？这在全球也是一个新领域，还处于探索阶段。确保长远的商业目标和"游戏化吸引力"的完美融合是游戏化管理成功的重要因素。

简单而言，企业的游戏化管理目前最重要的一个切入点是文化，也就是从企业的价值观、制度、行为和标识等方面进行优化。

在价值观方面，要鼓励开放、平等、创新、包容。

在制度方面，上班时间可以更加灵活，根据情况施行弹性工作制，给员工留出一定的时间用于自主创新。比如，谷歌公司就给员工留出 15% 的时间用于做创新式探索；微软公司定期举办类似于黑客大赛的活动，来激发大家的创造力和参与感。

在行为方面，可以通过举办一些新颖活泼的庆祝和娱乐活动，让领导和员工打成一片，消除等级差异，营造平等、融洽的氛围。

在标识方面，可以通过企业的文化墙，教室、会议室的命名，公司的标志设计等营造一种氛围，让人感觉到轻松、愉快、有趣和有美感。

需要说明的是，"游戏化管理"概念在真实商业环境和企业内部管理中的运用才刚刚起步，还处于探索阶段，但其孕育着巨大的商业价值，代表着管理理念的重大创新。

44 及时反馈
快节奏时代的互动方式

所谓及时反馈，指的是上下级之间进行双向的、及时的信息交流，建立共识，激发工作热情，推进工作进度，快速地解决问题。这是今天这个多任务、快节奏时代最重要的工作方式之一。

我们首先来看《腾讯传》当中叙述的创始人马化腾的案例，在公司大家都用他的英文名字 Pony 来称呼他，他可以算得上是中国首屈一指的"邮件狂人"。

Pony 使用大量的邮件来驱动研发，比如，主持 QQ 空间开发的郑志昊说，Pony 与其团队的邮件往来超过了 2000 封。2007 年，张小龙开始操刀进行 QQ 邮箱的改版，当时 QQ 邮箱是腾讯体系内一个非常边缘的产品，但是在一年半的时间里，Pony 与张小龙团队往来的邮件超过了 1300 多封。还有个段子说:"一天早上来到公司,发现 Pony 凌晨 4 点半发的邮件,总裁 10 点回了邮件,副总裁 10 点半回了邮件,几个总经理 12 点讨论并回复了结论,到下午 3 点,技术方案已经有了。晚上 10 点,产品经理发出了该项目详细的排期。总共用了 18 个小时。"腾讯创始人张志东(腾讯前 CTO)说:"腾讯的产品迭代就是被马化腾的邮件推着走的过程。"

这样的例子我们在很多公司都可以看得到,例如,在京东公司,刘强东就曾经说,公司不允许拖拉,对邮件的回复一定要快。即使你出国,也要下了飞机就回复。任何高管都必须在 24 小时之内回复邮件。在前面的内容中,我们也曾提到 Facebook 的首席运营官桑德伯格与扎克伯格相互给反馈的故事。从这些案例我们可以看到,及时的回复和反馈是多么重要。

我们曾经讲到,领导就是沟通,而反馈是最重要的沟通方式之一。

在今天这个通信便捷的快节奏时代,使用微信、电话、邮件沟通都非常便捷,这不同于 20 年前。记得在电影《手机》当中,有这样一个片段,费墨说:"还是农业社会好,那个时候交通、通信都不发达,上京赶考,一去几年不归。"然后戳着桌子上的手机说:"现在……近,太近了,近得人都喘不过气来!"

尤其是"90 后"这些互联网原住民,他们已经非常习惯通过微信、邮件等形式,快速地进行沟通和回复,多任务并行处理。在玩游戏的过程当中,他们习惯了及时的奖励和反馈,他们的延迟满足感相对较弱，等待的耐心相对较差，这就要求各层级的领导者充分认识到这些年轻人的新特点，能够及时地进行反馈和沟通。这一方面是他们习惯的需要，另一方面是快速推进工作的需要。

那么，如何做好及时反馈呢？下面提供三个角度来帮助你思考。

第一是建立反馈共识。反馈是一种双向互动，是推动工作快速进展的重要沟通方式，你和下属都要建立起及时反馈的理念，形成共识。当然，作为领导，你要带头及时反馈，为对方做出表率。如果有一方对此感到排斥，反馈就很难进行下去。

第二是明确反馈内容。一般来讲反馈主要包括三方面的内容。首先是工作任务推进当中的信息沟通，前面提到的Pony的例子就是这个类型。这类反馈在沟通中占大多数，需要又快又清晰又简洁的及时反馈。其次是专项反馈，针对某一件事或者某一个项目，进行比较系统全面的反馈。这就需要你提前做好充分的准备，让反馈变得非常有针对性和有说服力。最后是定期的绩效反馈，一般会涉及业绩和表现，这种反馈需要安排专门的时间，面对面地进行深入、细致的沟通，我们之前讲的关键对话就属于这一类反馈。这对领导者的反馈能力提出了很高的要求，也是教练型领导最重要的能力之一。下属往往是通过你的反馈，来看到自己的进步和不足的。这也是下属进步最重要的动力之一。

第三是区别反馈方式。反馈方式有很多种，包括面对面、发微信、打电话、发邮件等多种方式，要根据事情的性质、内容、紧迫性等进行权衡。同时还需要考虑沟通的时间点——早晨、中午还是晚上，什么时间是最方便、最合适、最恰当的。对于特别紧急的事情就要打破惯例，立刻进行面对面或电话沟通。例如，如果有重要客户的投诉，下属就要第一时间、快速地反馈给上级，以最快的速度和最有效的方式，解决客户的问题。有的事情需要当面反馈，另外一些事情只需要发一个微信或者短信，通知对方就可以，这就需要我们根据情况灵活地应对。

45 宽容失败
硅谷如何吸引和激发创意天才

为什么现在要特别强调"宽容失败"呢？首先是因为创新的需要，其次是激发"90后"创意员工工作激情的需要。在今天这个技术驱动和全球化的指数级变革时代，任何一个组织都离不开创新，没有创新就没有突破，没有突破就会被淘汰。要创新，就需要冒险，就需要尝试从0到1的探索。创新的价值越大，失败的概率就越高。如果没有宽容失败的氛围，就没有人敢于去冒险和创新，组织就会失去活力和进取心。

美国硅谷是全世界最成功的创新栖息地，孕育出惠普、英特尔、苹果、谷歌、Facebook、特斯拉等世界顶级的高科技创新型公司，引领全球的技术创新和管理创新。硅谷成功的一个重要因素就是"宽容失败"的文化氛围，这吸引了全球最具冒险精神的创业者。

在中国，虽然这几年创新创业非常火爆，但各大重点高校毕业生选择创业的只占极少数。从一流大学 2017 届毕业生的就业情况来看，据统计，清华大学毕业生直接创业人数为 68 人，占 7058 名毕业生的 0.96%；北京大学本部毕业生自主创业人数为 50 人，占本部 7462 名毕业生的 0.67%；浙江大学共有 68 名学生选择自主创业，占 11 428 名毕业生的 0.6%；上海交通大学直接创业的有 26 人，占 8595 名毕业生的 0.3%。这些数字远远低于美国一流大学。

在美国 IBM 公司曾流传过这样一则故事：IBM 董事长托马斯·沃森因为一位年轻的经理做了一次错误的决策造成了 1000 万美元的损失而特别召见他。这位年轻的经理想："大老板要召见我，肯定要大批我一顿，要我走人了。"他准备好辞职信去见老板，没想到沃森温和地说："我们才不会开除你呢！我们刚刚为你花了 1000 万美元的学费，你得把这个经验留下来。"在沃森看来，1000 万美元的损失固然可惜，但一次决策失误，并不是什么罪恶，真正的罪恶是不会从失败中学习。

从 IBM 董事长的这个案例，我们可以看到，他在公司营造了一个宽容失败的氛围，极大地鼓舞了公司的创新活动。当然，这样的案例在很多公司都有。例如，谷歌倡导"容许冒险、宽容失败"，谷歌第一允许你做，第二给你资源帮你做，第三允许你犯错。谷歌内部有"快速失败"的原则，他们相信，迭代是整个战略中最重要的部分，快速失败可以帮助人们在失败中吸取教训、继续向前，甚至有可能借助一些挫折孕育新的成功。

硅谷有一位非常著名的创业家比尔·科曼，他的公司 2009 年被甲骨文公司以85亿美元收购。他曾经多次创业，他总结说，硅谷的秘密是"失败，容忍大量的失败，20家公司中只有一家能在这里成功。但是你若是失败了，那就重新再来"。

另外一个相反的案例是日本。大家都知道，总体来说，日本社会对于失败者并不宽容，无论是创业，还是在职场，一旦失败，就很难翻身，因此，日本的创业者很少，有原创性的创新也不多。最近，日本东京大学的全球排名首次被清华大学超越，这引起了日本各界的热议和反思。从历史来看，日本人不太擅长做从0到1的事情，他们习惯于模仿他人，做从1到100的事情，这也是为什么日本在创新驱动的互联网时代落伍的一个重要原因。

在中国，虽然创业的企业很多，创新的氛围很浓厚，但原创的颠覆式创新仍然不多。在2017亚布力中国企业家论坛上，著名的投资人、赛富亚洲投资基金首席合伙人阎焱说，中国的创业成功是小概率事件，从中国投资机构的总体数据来看，这个概率小于1%。那么，他们眼中的创业成功是指什么呢？从投资机构的角度来看，是指创业项目上市或被企业兼并收购。今天，我们大力倡导"大众创业、万众创新"，全国有数千家科技园和孵化器，我自己从1999年在清华科技园第一次创业以来，已经三次创业，有14年的创业经历，也多次担任教育部和共青团中央大学生创业大赛的评委，见过很多年轻人、大学生、创业者。他们和美国的创业者一样，也面临各种各样的挑战，成功的概率仍然不高，尤其是第一次创业。因此，这就需要全社会营造一种宽容失败的氛围，以长远的眼光和敬佩的点赞来为他们加油呐喊，他们的贡献不仅仅是创业的成功，他们的创业行动，以及由此营造的创业氛围，培养的创业人才，都是宝贵的贡献，都是营造创业沃土的宝贵资源。所谓"功成不必在我、功成必定有我"，便是如此。

关于硅谷的成功有很多研究，其中，斯坦福大学著名学者、研究硅谷创业精神的专家亨利·罗文教授认为，硅谷的特殊优势有八条：**有利的游戏规则、很高的知识密集度、员工的高素质和高流动性、鼓励冒险和宽容失败的氛围、开放的经营环境、与工业界密切结合的研究型大学、高质量的生活、专业化的商业基础设施**。这八条是一个系统，营造了硅谷的创业生态。

其中，鼓励冒险和宽容失败的氛围是非常关键的。那么，在企业内部，如何营造"宽容失败"的文化氛围，鼓励创新和担当呢？这里介绍三个方面，供你参考：

第一，在公司的战略和文化当中，要把鼓励"创新和担当"作为公司发展的关键理念。 上下级建立起共识，从发展战略、价值观和制度等方面营造创新和担当的氛围。

第二，区分失败的类型并区别对待失败。 总体来讲，失败可以分为两类：一类是探索性失败，另一类是常规工作中的失败。对于第一类探索性失败，由于成功的概率比较低，像埃隆·马斯克的 SpaceX 火箭和风险投资，大家都会报以宽容的态度去面对；第二类日常工作中的失败，是可以通过精心的规划和认真的组织来避免的，因此要按规定追究相关人员的责任。

第三，通过在关键事件中对失败者的包容，坚定创新者的信心。 IBM 董事长对年轻经理的宽容就是这样的案例，这对其他人具有示范作用。

结语

今天，"90后""00后"逐渐成为职场的主力，他们的"自由人"特征要求领导者必须调整自己的领导方式，要更加有效地知人善用、授权赋能，让员工成为自己的主人，用好那些在某些方面甚至比自己还优秀的下属，以"成人达己"。

本章探讨了自由人、参与感、游戏化管理、及时反馈和宽容失败等内容，主要启示是：

- 你首先要认清"自由人"的信仰、思维、能力和行为特征，理解他们崇尚自由、平等，追求新奇、个性、自主、表现、参与，关注工作的乐趣、创造性和成就感，重视工作与生活平衡的心理特征。只有在理解基础之上的信任、尊重和激励，才能充分发挥他们的创造力优势，提高团队的活力和竞争力。

- 让员工共享信息、参与决策是激发他们主人翁责任感的重要方式。迪士尼和亚马逊是这方面的典范，通过授权、信息公开、培养能力和提供激励性报酬，建立起全员参与、人人投入的共创型组织。

- 游戏化管理旨在激发创意员工的工作兴趣与团队活力。《游戏改变世界》启示我们，把游戏的正面效应移植到团队管理当中，关键要从文化入手，通过优化团队的价值观、制度、行为和标识来营造宽松、有趣和富有想象力的创意环境。

- 及时反馈既是一种高效的沟通方式，也是一种积极负责的工作态度，可以大大提高工作中的沟通与合作效率。在腾讯公司，CEO马化腾的及时反馈为各级领导树立了快速行动的榜样。做好及时反馈可以从三方面入手：建立反馈共识、明确反馈内容、区别反馈方式。
- 宽容失败是创新文化最重要的特征之一，是硅谷诸多创新公司成功的关键文化因素。营造宽容的文化氛围可以从鼓励创新和担当、区分失败的类型、通过关键事件中对失败者的包容三个基本方面来做。

在华为，必须多产粮食才能拿高工资，多产粮食才能当将军……将军应该是打出来的，是选拔出来的。所以大家要积极努力，踏踏实实提高本职工作能力。交付经理应对确定性事务，要优先实现效率提升、效益提升；服务经理应对不确定性事务，提高快速处理故障的综合能力。

——任正非《将军是打出来的》

第四部分

领导业务

新经理人的领导力包括三大方面：领导自我、领导团队和领导业务。在前面9章，我们围绕领导自我、领导团队两个方面学习了9大主题：成为更好的自己、认识自我（一）、认识自我（二）、领导能力、领导行为、组建团队、教练赋能、管理沟通，以及领导"自由人"。

第四部分重点学习第三个方面领导业务。广义的"领导业务"包含企业战略、商业模式、组织发展、业绩管理、创新管理和变革管理等内容，鉴于本课程的主要目标是学习领导力的基础，因此，这一部分重点讨论"团队绩效"，这是每一位团队领导者工作的最终落脚点和检验标准。

第 10 章

团队绩效

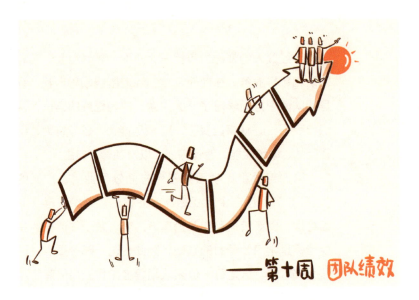

导言

成功的标准只有一个，就是实现商业目的。其他都不是目的。这一点一定要搞清楚，我们一定要有一个导向就是商业成功才是成功。

——任正非讲话，黄卫伟主编《以奋斗者为本》

领导力 = 领导特质 × 领导结果。

——美国密歇根大学教授戴维·尤里奇《结果导向的领导力》

关于"绩效"这个概念，我想首先做一个基本的澄清。这个词汇是从英文单词 Performance 翻译过来的，它有"演出、业绩、绩效、表现"等几个含义，不同的情境下需要根据情境来选择哪一个含义最合适。我们大多数人关注的绩效是指 KPI 考核的财务结果，是指收入、利润、用户数量、DAU、增长率等数字化结果。

但实际上，Performance 还有另外一个含义，就是"行为表现"。例如，在足球比赛中，我们不仅要看比赛的最终进球数和比赛输赢，我们还要看每一位队员是否全力以赴、贯彻比赛的战略战术、打出最好的状态；在商业世界，阿里巴巴原首席人力官关明生就曾说："阿里巴巴的绩效考核50%考业绩，另外50%就是考价值观。在阿里巴巴业绩做得再好，但如果不符合价值观，也只是一条'野狗。'"价值观如何考核呢？实际上就是每天的行为表现。绩效管理的关键是明确、公平、规范、及时。领导者既要"论功行赏"，也要"推功揽过"，让下属感到不吃亏，有安全感。

在本章的"团队绩效"主题中，我们将从五个方面来一起探讨，分别是：结果导向、目标设定、挑战性任务、赢在执行和命运共同体。

46 结果导向
培养以客户为中心的团队文化

为什么一个团队要特别强调"结果导向"呢？因为结果是衡量一个团队是否卓有成效、是否创造了高价值的关键。我们看到，所有的上市公司每年都要公布业绩目标，每个季度都要发布业绩季报，一旦业绩与投资人的期望出现差异，股票价格就会立马大幅度下落。

团队成员的注意力在哪里，结果就产生在哪里。就像射箭比赛，你的注意力越是集中，瞄得越准，那么，命中十环的可能性就越大。要做到结果导向，首先就要培养"以客户为中心"的团队文化，客户就是射箭的箭靶。德鲁克指出，企业的唯一使命就是创造客户。全球最成功的公司，IBM、苹果、亚马逊、谷歌、华为、阿里巴巴等，无一不是以客户为中心的典范。

什么是结果导向呢？简而言之，就是团队的使命、愿景和价值观，以及每个人每一天的行为都要始终聚焦于客户、聚焦于成果，才能够打造出让客户满意的精品，才能在发展和变化中不迷失方向。就像上面讲到的阿里巴巴"六脉神剑"价值观中的"客户第一"，就有非常明确的结果导向特征。

我们首先来看一个案例，是 IBM 的传奇董事长郭士纳在《谁说大象不能跳舞》一书中讲到一个故事：

> 1993 年，IBM 的年收入下降到 627.1 亿美元，公司出现了历史上的第一次亏损，亏损总额达到 81 亿美元，公司差点被拆分。同年 4 月，IBM 宣布郭士纳接任董事长兼 CEO。郭士纳接管公司后，看到了这家伟大公司的很多问题，而根本问题是 IBM 不再以客户为中心，他们不仅失去了客户的信任，产品的质量问题也引起了客户的极大不满。因此，郭士纳推出了"热烈拥抱"计划，50 名高层经理人员中的每一个人都要在未来的 3 个月内，至少拜访公司 5 个最大客户中的一个，目的就是倾听客户的声音，展现 IBM 对客户的关注，并积极采取行动。很快，实力雄厚的 IBM 就再次赢得了客户的认可，公司也实现了重振。

郭士纳在 IBM 担任 CEO 的 9 年间，坚持在全球拜访客户，飞行里程达到了 100 万英里[⊖]，会见了无数 IBM 的客户、商业伙

⊖ 1 英里 = 1609.344 米。

伴和员工。他认为，正是这些会面，让他能够获得关于客户、公司、世界以及未来发展趋势的前瞻性认识。

那么，在团队中如何做到"结果导向"呢？我们总结了 IBM、华为、阿里巴巴和腾讯等成功公司的经验，发现关键是三个方面：

第一是企业文化。 企业价值观要尤其充分体现"以客户为中心"，要聚焦于客户，聚焦于结果。价值观决定一个人的行为，而行为产生结果。

2006 年，为了做出最好的邮箱、赢得用户和竞争，"微信之父"张小龙提出"人人都是产品经理"。2006 年年初的广州研发团队年会，是 QQ 邮箱团队发展的分水岭，因为那一天，他们被逼到了墙角。张小龙指着一张迪拜帆船酒店的画说："我们要做一个最好的邮箱，7 星级邮箱。"台下一片笑声，张小龙自己也尴尬地笑了。因为直到 2005 年年底，QQ 邮箱的用户只有不到 100 万，不足当时邮箱老大网易的百分之一。年会后，张小龙定下一个基调：踏踏实实追踪用户的需求，看看用户到底需要的是什么。张小龙给邮箱团队制定了"1000/100/10"的法则，即要求每个产品经理每个月要去论坛看 1000 个用户的体验反馈并回复、关注 100 个用户博客、做 10 个用户调查。5 年后，"1000/100/10"开始在微博上流传，被奉为互联网产品开发的"宝典"。

结果，2006 年圣诞节，QQ 邮箱换肤功能推出后，活跃用户突破第一个 1000 万。2009 年，活跃用户达 5000 万。2010 年，

"漂流瓶"推出，当年活跃用户数一举突破1亿。

第二是绩效考核。 要把目标和价值观落实到日常工作中，就必须把价值观纳入每个月的绩效考核当中，从业绩指标和行为表现方面进行可以量化的衡量，才能够客观公正以及可持续地促进绩效落地。比如，前面提到的郭士纳在 IBM 整改初期，要求 50 名高级经理人员每个人都要在未来的 3 个月内去拜访大客户，就是一个明确的绩效考核。

第三点是领导者的以身作则、率先垂范。 企业文化落地首先体现在领导者每天的行为上面，尤其是在发生利益冲突的关键时刻，领导是否能够坚守价值观，是否能够坚持践行以客户为中心的核心价值观。在 QQ 邮箱的成功案例中，张小龙就充分体现了以身作则。

47 目标设定
KPI 还是 OKR，哪一个更适合你

目标设定是一位领导者最重要的日常工作之一，我们每年、每个季度、每个月甚至每个星期都要做目标设定，这是衡量一位领导者管理水平高低的重要指标。目标就是努力的方向，就是业绩达成的衡量标准。

目标管理是由管理学之父彼得·德鲁克 1954 年在他的名著《管理的实践》⊖中最先提出的。德鲁克认为："并不是有了工作才

⊖ 本书中文版已由机械工业出版社出版。

有目标,而是相反,有了目标才能确定每个人的工作。所以,企业的使命和任务,必须转化为目标。"目标可分为战略目标和战术目标、长远目标和短期目标。总体目标经过有效分解,转变成各个部门以及每个人的目标,以便对每位员工进行考核、评价和奖惩。我们大家都非常熟悉,目标设定有一个原则叫 SMART 原则,**即目标必须是具体的、可以衡量的、可以达到的、与其他目标有相关性、有明确的时间进度。**

今天,最有影响力的目标设定方法有两种,就是 KPI 和 OKR。KPI 就是"关键绩效指标",在很多工业企业和传统企业被普遍采用。KPI 是一种衡量员工表现好坏、对公司整体进行绩效管理的工具,与公司的整体策略和目标密切联系。对员工来说,KPI 考核意味着,在规定的时间内(一般是以月为单位)要完成哪些任务,达成哪些目标。公司会根据完成任务的多少和价值,进行按劳付酬,或者按贡献付酬。简单来讲,KPI 就是:你考核什么,你就会得到什么。

那么,什么是 OKR 呢? OKR 是以谷歌、英特尔为代表的高科技创新型公司普遍采用的一种考核方式,它的中文名称是"**目标和关键成果**",是一套定义和跟踪目标及其完成情况的管理工具和方法。

两种绩效考核方式各有特点,企业需要根据实际情况,采用最恰当的方式。

我们首先来看一个案例:索尼公司(Sony)曾经被誉为日本的国家名片,从 19 世纪 40 年代到 2000 年年初,它都一直在引领全球的电子行业。但在最近 10 多年，曾经全球第一的索尼公司衰落了。其前常务董事天外伺朗写过一篇很有影响力的文章，题目叫《绩效主义毁了索尼》，他谈到，在索尼创始人井深大的时代，大多数索尼员工为追求工作的乐趣而埋头苦干，员工有很强的激情和挑战精神。但今天的索尼员工好像没有了自发的动力，为什么呢？他认为这是因为绩效主义。绩效主义就是"业务成果和金钱报酬直接挂钩，职工是为了拿到更多报酬而努力工作"。如果外在的动机增强，那么以工作为乐趣的内在的、自发的动机就会受到抑制。因为实行绩效主义，员工逐渐失去了工作热情。

索尼公司从 1995 年左右开始，逐渐实行绩效主义，成立了专门的机构，制定了非常详细的评价标准，并根据对每个人的评价确定报酬。因为要考核绩效，几乎所有人都提出容易实现的低目标，可以说索尼精神的核心——"挑战精神"就消失了。因实行绩效主义，索尼公司内追求短期利益的风气蔓延。这样一来，短期内难见效益的工作，比如产品质量检验以及"老化处理"工序就受到轻视和忽略。例如，索尼曾经因彩色显像管电视机获得成功，占据了电视机市场的领先地位近 30 年，但在液晶和等离子电视机的开发方面却落后了。因为彩色显像管是成熟的产品，按照 KPI 的方式去管理就可以，将彩色显像管销量指标做得越高越好。但按照 OKR 的方式去思考，就会发现整个行业已经转变了方向，转向液晶和等离子电视了，应该尽快将目标也转向液晶和等离子电视，而不是继续将目标放在彩色显像管电视上。

从索尼的案例我们看到，OKR 和 KPI 的本质是不同的：OKR 聚焦于最终的目标，让我们做正确的事情，KPI 聚焦于运营的过程指标，让我们按正确的方法做事情，以提高效率。在产品和市场明确的情况下，KPI 有助于提高运营效率，但在需要捕捉市场机会和创新迭代的时代，KPI 会阻碍创新。而 OKR 能够以终为始，始终聚焦于客户的需求和变化，不断进行产品的创新迭代，满足客户需求，引领市场潮流。

谷歌前高管吴军博士曾经在专栏《硅谷来信》中专门介绍过谷歌的目标管理方法：

> 谷歌的每个员工，每个季度都会给自己定一个或者几个目标 Objectives，并且衡量目标是不是能达成关键结果 Key Results，这几个词合在一起被称为 OKR。每个人的 OKR 会放到自己的网页上，大约半页纸长，大家都可以看到。如果谁没有制定 OKR，一目了然。即使没人催你，大家看到你的网页上是一片空白，你自己都不好意思。
>
> 到了季度结束时，每个人会给自己的目标完成情况打分，完成了得分是 1，部分完成的话，得分是 0 到 1 之间的一个数字，没完成的得分就是 0。谷歌强调每个人制定的目标要有挑战性，所以如果谁完成目标的情况总是 1，并不能说明他工作好，而是目标定得太低。大部分情况下，大家完成的目标都在 0.7～0.8 左右。

当然，一个季度刚开始时的想法，和后来完成的任务可能会有差异，之前没想到的事情可能后来也做了。因此，在季度总结工作时，可以增加当初制定的目标，对于不打算完成的目标，或者已经过时不再有意义的目标，不能删除，但是可以说明为什么没有做。

我按照谷歌制定 OKR 的习惯，介绍我在 2017 年的目标。

目标 1，完成《数学之美》这本书的英文版和韩文版，还有图书《大学之路》的第二版。这个目标下的关键结果有六个，分别是：找到《数学之美》英文版的出版商；寻找合适的、母语是英语的合作者来修改英文版的书稿；完成英文版的写作；争取年底前出版；配合韩文版的出版商，争取在年底前出版；完成《大学之路》这本书的第二版，补充公立教育的内容，增加关于"伯克利"的一章，增加有关大学申请的内容，更换一些照片。四月底完成修改，争取在 9 月份之前面世。

目标 2，对《吴军·硅谷来信》的部分内容进行完善，并整理成书出版。这个目标下的关键结果有三个。第一个，从《硅谷来信》中选择三个方向的题目，每个题目下 20 篇来信。第二个，对所挑选出的这 60 封来信，补充材料，每一篇拓展成大约 5000 字的完整内容。第三个，8 月底完成初稿，争取在年底前出版。

目标 3，更新在商学院的讲课内容，完成 60 小时的教学量。关键结果有两个：一个是将去年在一些场合讲的新内容整理成课件，春季学期在上海交大试讲。还有一个是将这些内容按主题分成大约3个1.5~2小时的讲座内容，以便在以后的讲演中使用。

目标4，按照协议完成《硅谷来信》。

目标5，完成旅行计划和整理摄影照片。关键结果有四个，分别是去欧洲一趟、驾车在美国西部转一圈、学习图形工具软件LightRoom，以及制作5本摄影集，包括2本今年的，还有3本去年的。

目标6，完成学习计划。关键结果有两个，一个是上两门公开在线课程Coursera的课，一门法律的，一门生物的；一个是认真读10本书，再快快地读10本。

目标7，完成《美国十案》这本书和一本科普图书的初稿。关键结果有两个：一个是10月份将2本书的初稿交给出版社；一个是吸取之前的教训，提前和写推荐序的朋友打招呼。

目标8，锻炼，跑步完成1000公里。

目标9是完成丰元资本第三期融资；目标10是关于家庭、孩子和修理庭院的目标；目标11是财务目标。这三个目标，恕不能透露细节。

上面是我目前能够想到的目标，当然，中间可能会不断地做调整，估计年底时有一小半目标会调整。如果我最后完成了70%，就算满意了。

以世界杯足球运动员为例。如果是OKR思维,就会聚焦结果目标,球员就会想到小组出线、进四强、夺得冠军;如果是KPI思维,就会聚焦过程指标,就会想到进球数、助攻数、跑动距离、比赛场次等。这是两种不同的思维方式,球员的关注点和内驱力也就不同。很显然,在充满不确定的比赛中,球员需要有主动性和创造性,当球员总是想着赢球、晋级、夺冠的时候,他的内驱力会更大,工作会更加主动。

总体来说,企业是采用KPI还是OKR,可以从以下三个方面来考虑:

第一,如果是互联网和创新型公司,总体来讲,采用OKR会更加有利。 乔布斯曾讲过,1个好的工程师能抵1000个一般的工程师。有创意的好工程师,他们的工作结果常常不能被预料,但他们的内驱力对工作结果影响很大。而用传统的工作时间、专利数量等KPI来衡量他们,就不能够从内心激发创意员工的激情和创造力,不能够激发他们的冒险和探索精神。

第二,如果是中等规模以上的公司和层级较多的公司,在公司人数超过100人的时候引进OKR管理比较合适。 同时,相对于扁平化的公司,那些层级多的公司更适合OKR,它能够解决部门之间的内耗和方向背离问题,让每一个团队有明确的指南针和方向——以客户为中心。

第三,业务转型的公司适合用OKR。 在这种公司,变革和转型需要公司高层和基层一起探索。有的时候,最接地气的创新想法常常来自一线接触客户的员工,我们之前提到的亚马逊公司的

AWS业务就是一名基层员工提出来的,得到了创始人贝佐斯的认可,最后成为亚马逊最重要的收入来源之一。这些前瞻性的创意需要有机会被讨论,而OKR就提供了这样的一个沟通方式。

当然,OKR的目标设定还有很多的技巧,例如,目标一般设定在3个左右,且需要有一定的挑战性等。这些具体的操作,还需要根据具体的情况进行考虑。

48 挑战性任务
货拉拉如何一年增长6倍

挑战才是人生,挑战才能成长。领导者要想赢得竞争、实现业绩的突破,就需要不断挑战自我,甚至挑战极限。

互联网时代的创业更是挑战极限、创造奇迹。2013年,美国著名CowboyVenture投资人Aileen Lee提出"独角兽"的概念,用来指成立时间短(不超过10年)、发展迅速(估值超过10亿美元)的新生态公司。据IC Insight数据统计显示,2013~2018年年底,全球"独角兽"总数从不到20家达到313家。美国、中国(包括中国香港)、英国、印度和韩国的"独角兽"数量分别为151家、88家、15家、14家和7家。从占比来看,中美两国依然引领全球且影响力较强,全球占比76.4%。美团、字节跳动、拼多多、瓜子二手车、知乎等都是过去10年涌现出来的优秀"独角兽"公司,年增长速度都非常快,其中,拼多多更是创造了成立3年就上市、市值达到300多亿美元的奇迹。

下面我们首先来看一个案例：深圳今天被誉为中国的创业之都，有很多高成长的创业型公司。其中有一家高速发展的"独角兽"公司货拉拉，我在为这家公司做咨询和培训的时候，深刻感受到了挑战带给一家"独角兽"公司的跨越式发展。

货拉拉的创始人周胜馥是一位来自香港的创业家，有着非常特殊的成长经历。他曾经以香港1997年高考状元的身份到斯坦福大学念书，毕业后加入著名的贝恩咨询公司，3年后离职，做了7年的职业德州扑克选手。2013年，他创立了货拉拉公司，并进入东南亚市场和中国内地市场，成为中国发展最快的公司之一。短短4年时间公司便融资6轮。2017年年底获得雷军的顺为资本领投的1亿美元的C轮融资；2019年2月，再次获得由高瓴资本D1轮领投、红杉资本D2轮领投的3亿美元融资。

周胜馥是一位喜欢挑战自我的创业家，我记得2018年年初在深圳做过一次领导力培训，我们的培训教室在一个宾馆的30楼。他早晨从香港驾车来到深圳，由于宾馆电梯比较慢，等候时间较长，他毅然决定徒步从1楼爬到30楼来上课。当他走进教室的时候，所有人都感到惊叹不已，为他鼓掌。他的这种敢于挑战自我的精神，给全公司的伙伴们做出了表率。

对于公司的发展，周胜馥也总是制定有挑战性的目标，实现又快又好的发展。2013年，货拉拉于香港诞生，以平台模式连接车货两端，提供"互联网+"同城货运服务。2014年，货拉拉进入中国内地，一直实施境内与境外市场双线发展的战略。在资本的助力和飞速的扩张下,货拉拉的体量呈指数级增长。历经2015~2016年的烧钱大战后,"互联网+货运"企业频频倒下,到2016年年底,真正能沉淀下来的已经所剩无几。自此,货拉拉专注于服务及质量等精细化运营。

2017年,货拉拉的业绩增长了600%,2018年全年业务量再次增长近200%。此后,尽管业务体量已经很大,货拉拉每年还是会制定翻倍的奋斗目标。从中能看出,周胜馥在不断地设立挑战性目标,不断超越自我,力求做得更好。

实际上,我们看到世界上成功的企业都秉承挑战自我、不断"熵减"的理念。

那么,什么是挑战性任务?如何通过挑战性任务来加速经理人员领导力的提升呢?"挑战性任务"这个概念是全球领导力排名第一的美国创新领导力中心,基于40多年对数万名领导者的研究提出来的。研究发现,领导者的领导力提升主要是从他的经历中学习发展而来,关键的经历分为五类:**挑战性任务、发展型关系、挫折经历、课堂的学习和个人的生活经历**,其中,对一位领导者成长影响最大的是挑战性任务。我翻译的一本领导力著作《领导力》,英文名字是 *The Leadership Challenge*,直译就是"领导者的挑战"。其作者库泽斯和波斯纳两位领导力大师在过去36年的研究中也发现,挑战是领导者的战场。实际上,清华大学MBA的申请报告也要求你写出曾经经历过的重大挑战,以及你是如何战胜困难和挑战的。

《CCL领导力开发手册》这本书提到,挑战性任务是组织安排给管理者的艰难的任务，它同时也代表升迁的机会或者全新的岗位。挑战和困难促使管理者不断奋斗，并提高他们的能力。五种极具发展性的挑战性任务是：工作职责范围的扩大，创新和变革，工作轮岗和调动，协调利益相关者的冲突，以及在不同文化环境中工作。

第一，工作职责范围的扩大。

当你获得晋升，或者管理人数和内容增加时，你工作的难度、复杂程度、挑战性和压力就会大大提高。最近有一位互联网公司的经理和我交流，他之前是一位工程师，现在担任产品经理，带领 6 名工程师。他每周平均要拿出 30% 的时间来做管理工作，指导下属成长。这些工作他很不习惯，感觉培养人投入大、产出慢。同时，有一名有个性的资深员工和他不配合。加上团队的业绩压力又很大，很多事情都压在他一个人的身上，这让他很苦恼。而这样的工作挑战，是一位经理人员典型的工作场景，也是他全面发展领导力的一个机会，就看他能不能突破这一关。

第二，创新和变革。

作为领导者，你常常需要在不清晰且不可预测的商业条件下进行决策和行动，进行产品创新和管理创新，推动组织变革和文化重塑等。而这些创新和变革，需要你不断地学习和突破自我，在不确定中做出前瞻性的判断和决策，在尝试甚至失败中学习和成长。

第三，工作轮岗和调动。

在一个大公司，经理人员常常需要到全国甚至全球的不同地区去工作，或者是轮换到其他部门工作，走出之前的舒适区，培养自己新的思维方式和新的能力。例如，最近我碰到一位某省的银行行长，几个月之前，他被调到该省的省级银行担任一把手。之前，他在其他地区的另外两家银行担任过高管，对这个地区毫无了解。在短短的几个月之内，他就熟悉了这个省的政治、经济和社会状况，了解了该银行内外部的商业环境和优劣势，很快赢得了同事们对他的认可和支持，站稳了脚跟。目前，他正准备带领银行实现上市。

第四，协调利益相关者的冲突。

任何公司和团队，都是一个利益主体，一定会和客户、供应商、投资人以及其他部门发生利益冲突。如何聪明地意识到各自的利益诉求，有效协调各方的利益，实现双赢的合作，是对一个领导者成熟度的重大考验和锻炼，这一点我们在很多企业和团队当中都可以看得到。

第五，在不同文化环境中工作。

在今天这个全球化的时代，一个优秀的领导者，常常需要在不同的地区、不同的岗位锻炼，这就需要他提高自己的适应能力，保持开放的思维，善于学习新环境中的工作语言、思维方式、文化习惯、法律法规等。最近，清华大学提出要培养学生的全球胜任力。培养全球胜任力的一个关键，就是要有开放的思维，善于适应不同环境当中的工作，能够迅速地与当地的人们和谐相处，齐心协力创造出新的卓越业绩。

显然，领导者从挑战性任务中学到的比从其他地方都要多，而不同的任务培养了不同的领导能力，帮助领导者走出常规边界、惯例和舒适区。

49 赢在执行
郎平教练为何经常叫暂停

对错看战略，输赢靠执行。战略目标明确以后，关键在执行，在每个人每一天的现场表现、团队协同和产生的成果。

企业的执行体系建设包括三个层次：**企业层次、部门层次和个人层次**。管理大师拉姆·查兰的著作《执行》重点讨论的是企业层次，也就是企业的执行体系建设。他指出，战略执行的关键是领导者的以身作则、上下级之间的有效沟通、组织内部良好的社交运行机制，以及及时有效的工作跟进和反馈。部门层次的执行是指高绩效团队建设，个人层次的执行则是指高效能员工建设。

体育比赛是团队执行力的集中体现，我们首先来看一个中国女排主教练郎平的经典案例：

> 在2016年巴西里约热内卢奥运会女排小组比赛中，中国女排一开赛就跌跌撞撞，以小组最后一名艰难晋级，并在淘汰赛遭遇夺冠呼声最高的东道主巴西队。在比赛前，几乎没有人认为中国女排能够战胜巴西女排，因为在之前8年对阵巴西女排的比赛中，中国女排连续输了18场。但最后的结果是，中国女排3比2险胜巴西队，

并在最终的女排决赛中以 3 比 1 战胜强劲对手塞尔维亚女排，时隔 12 年后再度夺冠，历史上第 3 次获得奥运会金牌，创造了又一个奇迹。

那么中国女排是如何逆转、发挥超强执行力，最后夺得冠军的呢？其中一个关键因素是主教练郎平的临场应变和沟通激发。我们常说"养兵千日，用在一时"。一个球队能否发挥最佳状态、取得最好的成绩，往往取决于比赛中的临场表现，这也被称为"即战力"。而球队即战力的高低，在很大程度上取决于主教练的临场指挥。

我们来看看，郎平教练在对阵巴西队的过程中，做了哪几件事情，以及她是如何调整团队的状态的：首先，在比赛之前，全队士气比较低落，一向很少夸人的郎平极为罕见地专门给主攻手朱婷发微信，鼓励她，称赞她是最好的，极大地增强了她的自信心。其次，针对大家希望在比赛当中采用防守的思想，郎平一再告诫队员："你得想办法攻击对方，而不是光想着我怎么防住对方。要全面攻击，从发球到拦网到防守到扣球，每一个环节都要全面发力。"这让队员们树立了正确的战略思维，而不是被动地等待。最后，在先失一局的不利情况下，第二局郎平主动变阵，将朱婷换成三点攻的主攻，解放了一传。这让巴西队很不适应，中国女排很快就反超了比分。在比分打到 18 比 20 出现胶着状态的时候，郎平又当机立断换上了刘晓彤，很快就拿下了这关键的一局。在第五局的关键时刻，郎平又换上张常宁去接一传，解放主攻手朱婷，让朱婷全力进攻，这一招再次发挥了奇效。最终，中国女排艰难地战胜了东道主巴西队，进军 4 强，为后面夺得冠军奠定了坚实的基础。

从这个案例中我们看到，主教练郎平在球队状态低迷的时候，根据队员们的状态，有针对性地通过对话来关心、激发队员；在比赛过程中，及时叫暂停，通过有效的沟通对人员和心态进行调整，让每一位队员和整个球队达到了最佳状态，从而取得了最好的成绩。这种胸怀全局、指挥若定、随机应变的大将风范值得我们每一位带团队的领导者学习。

郎平在一次分享中说，她自己所理解的女排精神，**就是不断挑战自我、超越自我，把不可能变成可能**。教练的职责其实就是在一边"烧柴、点火"，不断鼓励和调动队员，让她们一往无前、不会退缩。

拉姆·查兰在谈到执行时说："在多年的亲身经历中，我总结了一点经验就是企业执行力难关的根源是对话的无效性。换言之，决策制定者与执行者之间缺乏有效的沟通和互动。囿于组织等级和繁文缛节，加上彼此之间缺乏信任，人们在面对决策时缺乏信心，只能机械附和。当执行决策时，人们必然缺乏果断的执行力。其中有力的改变工具就是人与人之间的互动——对话。对话是组织的基本工作单元。对话的优劣能决定人们处理信息、制定决策的方式，以及对待彼此和决策结果的态度。对话可以开启新思路，并迅速转化为企业的竞争优势。它是决定知识工作者成长和工作成效的重量级砝码。对话的基调与内容能够影响人们的行为和想法并进而塑造企业文化，其影响力远超过任何我见到过的激励机制、结构变革或企业愿景。"

总而言之，领导者如果能够注意自己的对话、改善社交运行机制并提供合适的后续跟踪和反馈，就能成功打造执行力文化。此外，高执行力的领导者必须展现七项基本行为：

- 全面深入了解企业和员工；
- 坚持实事求是，勇于直面问题与挑战；
- 设定明确的目标，并排出优先顺序；
- 持续跟进，直至达成目标；
- 赏罚分明，重奖业绩优秀人员；
- 通过教练辅导提高下属能力；
- 了解自己，展现出勇敢、决断、务实的性格。

在团队战略执行过程中，领导者要及时应变，激发团队成员的"即战力"，实现最佳的执行结果，可以从以下四个方面来进行：

第一是审时度势做决策。领导者要想方设法让团队整体在各种情况下都能发挥最佳水平，无论是面对顺境还是逆境。这就要求领导者能够及时、准确地判断团队成员的工作状态是否达到最佳，是否按照既定的战略、战术进行推进，是否能够沉着冷静地应对场上的各种变化，是否发挥出了平常训练的基本水平。在成都武侯祠，有一副著名的谈用兵之道的对联，能够说明这一点。这副对联说："能攻心则反侧自消，自古知兵非好战；不审势即宽严皆误，后来治蜀要深思。"这副对联非常深刻地讲述了一位领导者审时度势的重要性。

第二是坦诚沟通、及时跟进。很多公司,每个月、每个星期,甚至每一天,都要召开工作进度分析会,确保每个部门每个人都在按照计划开展工作。要根据每名员工的临场表现给予及时的反馈和调整,对于做得好的员工,要及时点赞和鼓励,让他做得更好;对于状态不好的员工,要进行有针对性的反馈,帮助他纠正和调整,以胜任岗位的要求,否则,就要进行岗位的调整,或者是能力的再造。郎平教练对临场人员进行调整,就是这样一种措施——让最合适的人在场上。肯·布兰佳在《一分钟经理人》中提出了经理人每天工作的三个"一分钟":一分钟目标设定,一分钟表扬,一分钟批评与纠正。

　　第三是树立榜样、激发全员斗志。有句话说:"榜样的力量是无穷的。"在关键时刻,自己要成为榜样,带领大家往前冲。还有的时候,你要在团队成员中树立一个榜样,让团队成员感到容易接近、可以学习,让他们在关键时刻发挥中流砥柱的作用,激发大家的热情,充分发挥大家的潜力,战胜一个又一个看起来难以克服的困难,提升团队的自信心。例如,有一次在 58 集团讲授领导力课程,我就观察到他们的即战力很强,他们在各个层级上树立了很多榜样。像是华中大区的总监刘骥,就是大家的学习榜样,他从 2010 年加入 58 集团,一路克服各种困难和挑战,创造了一个又一个的业绩奇迹。他的业绩在 58 集团始终名列前茅,他从员工到大区总监只用了 8 年的时间,现在带领几百人的团队。关于他的事迹的一个微信推送,同事们广为转发,极大地鼓舞了各层级的员工。

第四是恰当激励、解锁潜能。俗话说："重赏之下必有勇夫。"富有激励性的物质激励、荣誉激励和晋升机会，既展现了论功行赏的公平考核理念，又给了优秀人才脱颖而出的机会。在这个方面，华为和阿里巴巴堪称经典榜样。

50 命运共同体
团队建设的最高境界

人类之所以伟大是因为总是心怀"大同"的理想。一个理想团队的建设有三重境界：第一重境界是利益共同体，第二重境界是事业共同体，第三重境界是命运共同体，简称"三体团队"。

所谓"利益共同体"，就是公司通过利益把大家联系在一起，大家有福同享、有难同当；所谓"事业共同体"就是通过共同的使命和事业把大家联系在一起，真正激励大家的是共同的使命和事业；所谓"命运共同体"可以理解为把大家联系在一起的是彼此高度的精神认同，就像桃园结义的"刘关张"。这与组织文化之父沙因教授在《谦逊领导力》[一]中提出的"4级关系"很是契合：-1级，完全没有人情味的支配与强迫；1级（利益共同体关系），交易型角色和基于规则的管理、服务以及各种形式的帮助关系；2级（事业共同体关系），个人化合作与信任的关系，就像朋友和高效团队中的同事关系；3级（命运共同体关系），情感亲密的、相互承诺的关系。

[一] 本书中文版已由机械工业出版社出版。

今天，我们大多数的企业还是处于建设利益共同体的阶段，甚至在这方面还存在各种各样的问题。但在创意员工占主体的未来，卓越组织的发展趋势和理想状态是建立事业共同体和命运共同体，也就是一些优秀的企业正在尝试的类似于合伙人制度和全员持股制度，充分做到"以人为本"，建立深厚的归属感和成就感，顺应人性、尊重人格、理解人心，从内心深处激发人才的潜能，充分发挥出人才的主动性和创造性，从而创造卓越的绩效和卓越的组织。

华为从1988年的2.1万元资本金开始创业。华为轮值董事长徐直军在2020年新年致辞中表示，预计华为2019年实现销售收入超过8500亿元人民币，同比增长18%左右。其中，智能手机业务保持稳健增长，发货量超过2.4亿台。"尽管没有达到年初预期，但公司整体经营稳健，基本经受住了考验"。华为员工总数超过19万人，大约30%来自中国以外的其他国家。截至2017年，员工的平均年薪接近70万元，2019年的平均水平在100万元以上。除了年薪之外，9万多名持有华为公司股份的员工还有股利分红。创始人任正非的个人股份大约只占公司的1%左右。

看起来，华为公司的成功是"三体团队"建设的成功，似乎已经到达我们理想的利益共同体、事业共同体和命运共同体同时建设的境界。我也曾经多次去华为参观和学习，从公司的角度来看，如果把华为看成是成功企业的标杆，是建立利益共同体、事业共同体和命运共同体的样板，那么，我们可以从中学到什么呢？

根据我个人一些粗浅的看法，对于绝大多数企业来讲，要学习华为，首先要搞清楚华为发展的时代背景、行业背景、公司治理和创始人背景，要搞清楚哪些可以学习、哪些不能够学习，否则很容易走入学习的误区，因为有些东西是无法学习更是无法复制的。例如，过去30多年电信行业的高速发展、华为创始人任正非的领导力特质、华为特殊的公司治理和股权激励机制等，都有其特殊性。

我们说，做企业有四个维度：做大、做强、做快、做久。如果企业只关注做大、做快，就可以通过抓住一个又一个的市场机会，来促进企业的成长，这就是典型的机会驱动型成长。但是如果做企业考虑的是做强、做久，就必须学习华为的战略驱动、创新驱动和人才驱动，我认为需要学习的最重要的三个方面是：战略定力、人才战略和激励机制。

第一个方面是战略定力。所谓战略定力，就是坚持在一个点上做到极致，做到全球第一，形成领先的优势和企业的护城河。2016年，任正非罕见地在接受新华社记者的采访中说："华为坚定不移28年只对准通信领域这个'城墙口'冲锋。我们成长起来后，坚持只做一件事，在一个方面做大。华为只有几十人的时候就对着一个'城墙口'进攻，几百人、几万人的时候也是对着这个'城墙口'进攻，现在十几万人还是对着这个'城墙口'冲锋。密集的炮火攻击，每年1000多亿的'弹药量'轰炸这个'城墙口'，研发投入近600亿元，市场服务500亿元到600亿元，最终在大数据传送上我们领先了世界。"

第二个方面是人才战略。 关于华为成功的秘密，华为人说，人力资源管理是华为公司商业成功与持续发展的关键驱动要素，没有之一。今天，我们看到西安、天津、合肥等很多城市掀起了人才争夺战，2017年还发生了华为、BAT等大公司以超高薪抢聘应届博士生的事件。而事实上，在20多年前，华为的人才争夺战就已经打响。华为当时就采取了超出常规的招聘策略，据说曾经垄断了各大邮电院校的毕业生，在人才争夺战中取得了决定性的胜利，奠定了后来华为的人才基础。现在华为公司每年在全球招聘超过1万名优秀的毕业生。在清华大学，华为每年招生的人数是所有公司里排在第一位的，大约在130人左右，是微软、英特尔等世界级公司的好几倍。今天，华为已经是一家全球化公司，其人才不仅来自国内，更来自全球。以华为财经体系为例，来自牛津、剑桥、哈佛、耶鲁等著名大学的优秀毕业生达到数百人。

2019年，华为更是对8位2019届顶尖学生实行年薪制，引发新一轮人才大战。这8名员工均为博士学历，年薪89.6万起，201万封顶。

2019年6月，任正非在公司EMT（经营管理团队）《20分钟》讲话中说道："今年我们将从全世界招20～30名天才少年，明年我们还想从世界范围招进200～300名。这些天才少年就像'泥鳅'一样，钻活我们的组织，激活我们的队伍。"

第三个方面是激励机制。 激励机制是一个综合体系，华为认为公司和员工的关系首先是利益共同体，华为创业初期提出来的

"力出一孔，利出一孔"，就是利益共同体的典型表达，只有在此基础上才能建成事业共同体和命运共同体。华为人力资源管理的核心是员工持股计划，员工持股计划是华为人力资源管理的重要手段之一，其他手段还包括：基于绩效的利润分享、有竞争力的薪酬，以及制度化的员工救助和关怀。

此外，还有事业激励、舞台激励、成长激励、文化激励、尊重激励、归属激励等，从马斯洛的五个需求层次来满足优秀员工的全方位需求。任正非在回答新华社记者的提问时也说道："因为我们把利益看得不重，就是为理想和目标而奋斗。如果公司上市，股东们看着股市那儿可赚几十亿元、几百亿元，就会逼着我们横向发展，我们就攻不进'无人区'了。"

从企业的未来发展来看，建设企业的命运共同体也是一个面向未来的理想状态。在未来的人才驱动和创新驱动的企业，人才是第一竞争力。也许，企业的利益相关者排名要从传统的客户第一、股东第二、员工第三的顺序，转向员工第一、客户第二、股东第三。创意员工是企业价值和竞争力之本。

今天，我们的大多数企业，首先要建立利益共同体和事业共同体，建立起公平的价值衡量和价值分配体系，从薪酬福利、发展舞台、员工持股等多个角度把员工的短期利益、长期利益和公司利益紧密联系起来，促使员工实现最大的价值创造，从而实现长期的双赢。

我们期待未来的公司和团队，不断地从利益共同体，迈向事业共同体和命运共同体。

结语

团队绩效是检验领导成功的标准，是领导者以终为始的目标。本章的"团队绩效"主题，我们从结果导向、目标设定、挑战性任务、赢在执行和命运共同体五个方面进行了探讨，主要启示是：

- 只有在团队中树立"以客户为中心"的结果导向理念，才能让成员高度重视客户、重视结果、产出结果，才能真正赢得客户，获得生存和发展的机会。IBM和张小龙的案例告诉我们，"结果导向"要从三方面来做：第一是企业文化，第二是绩效考核，第三是领导者的以身作则、率先垂范。

- 你的团队是采用KPI还是OKR来设定目标管理，需要实事求是，不要盲目赶时髦，否则根本不能落地。从索尼和谷歌等企业的实践来看，强调以运营为中心的传统工业企业适合KPI，强调项目化创新的企业则比较适合采用OKR作为目标设定方式。

- 团队业绩突破需要挑战性任务，无论是业绩倍增的任务，还是产品颠覆式创新的任务，都能够激发团队创造奇迹的使命感、雄心和奋斗精神。从货拉拉的案例和CCL的研究来看，任务可以从改变世界的使命感、挑战现状的目标设定、颠覆传统运营的创新技术、富有创意的激励机制和充满信任支持的团队文化等方面展开。

- "对错看战略,输赢靠执行",尤其是在打硬仗的关键时刻。中国女排的案例和《执行》一书说明,作为领导者,你提高团队执行力的关键是:审时度势、及时跟进和调整、树立榜样,以及恰当的激励。
- 理想的伟大团队是"三体团队"——利益共同体、事业共同体和命运共同体。如何做到"三体"融为"一体"呢?华为做出了表率,重点是三个方面:战略定力、人才战略和激励机制。

后　　记

清晨领导力的学习即将告一段落，领导的旅程仍在继续。

成长需要方向，成长需要榜样，成长需要坚持。

在未来的世界，创意和科技的力量更加凸显，科学的思维也更加重要，无论你是科研人员，还是企业管理人员。了解科学家的思想、理念和成功之道，对于青年大学生和科技企业经理人员非常重要。

我最敬佩的科学家之一是杨振宁先生。2000年，著名的《自然》杂志曾评选出了1000年以来最伟大的20位物理学家，杨振宁就在此列，他也是20位物理学家中目前唯一在世的。

2019年4月29日，杨振宁先生在中国科学院大学雁栖湖校区礼堂做了主题为"选择有前景的研究领域，与中国科学院大学研究生谈学习与研究经历"的讲座，他谈到了自己成功的关键：

我以后一生中2/3的工作是在对称理论，是吴先生带我走的方向；1/3在统计力学，是王先生带我走的。我一直说自己实在是幸运极了，因为一个年轻的研究生，如果能够走到一个领域，而且这个领域在以后 5 年、10 年、20 年是发展的话，那么你就可以跟着这个领域共同发展，这是最最占便宜的事情。

这么多年我看到了成千个研究生，很多都非常优秀，可是 10 年以后他们得了博士学位再看，有的人非常成功，有的人非常不成功，并不是因为这些人的本事差了这么多，得到过博士学位的人通常本事都还不差的；也不是因为有的人努力，有的人不努力。主要是有人走对了方向，要是走到一个强弩之末的方向上，那就没有办法的，而且越走越不容易走出来，要换一个方向不容易，继续做那就走成了最不幸的一个人。这点我希望在座的每一个研究生都理解到这几句话的意思。

要做好一个科学研究，最重要的三个步骤是兴趣、努力的准备和最后的突破。这三步曲也是后来我所有研究工作所遵循的路线。

知易行难。最后，我想和你分享一句我在 20 岁时看到的名言，它影响了我一生：**"值得骄傲的不是你的成功，而是你的努力；应该惭愧的不是你的失败，而是你的懦弱。"**

领导力的核心不是领导他人，而是领导自己，不是读万卷书，而是行万里路，既要自强不息，更要厚德载物。我们要在 VUCA 的世界中做好这些，不是一件容易的事情，需要 1 万小时的刻意练习和"知难而进",从"无意识的无能力"到"有意识的无能力",再到"有意识的有能力",最后达到"无意识的有能力"。

成长和成功既难也易,难在坚持,易亦在坚持。1915年,毛泽东写了一副对联用以自勉:"贵有恒,何必三更眠五更起;最无益,只怕一日曝十日寒。"要真正做到"知行合一、成就卓越",必须坚持四个字:知、信、行、习。但在现实中,面对经过千锤百炼验证的卓越领导之道,往往是 10 000 个人知道,1000 个人相信,100 个人行动,10 个人养成习惯。卓越是一种习惯!

祝愿你养成卓越的习惯!不负韶华,成为更好的自己!

参考文献

[1] 达夫特.领导学（第5版）[M].杨斌，等译.北京：电子工业出版社，2011.

[2] 查兰，德罗特，诺埃尔.领导梯队：全面打造领导力驱动型公司（原书第2版）[M].徐中，林嵩，雷静，译.北京：机械工业出版社，2011.

[3] 汉尼斯.要领：斯坦福校长领导十得[M].杨斌，译.杭州：浙江教育出版社，2020.

[4] 本尼斯.成为领导者（纪念版）[M].徐中，姜文波，译.杭州：浙江人民出版社，2016.

[5] 黛西.记住你是谁：15位哈佛教授震撼心灵的人生故事[M].北京：商务印书馆，2005.

[6] 本尼斯，托马斯.极客与怪杰：领导是怎样炼成的[M].杨斌，译.北京：电子工业出版社，2013.

[7] 库泽斯，波斯纳.学习领导力：成为卓越领导者的五项原则[M].胡金枫，佛影，译.徐中，审校.北京：机械工业出版社，2017.3.

[8] 德韦克.终身成长：重新定义成功的思维模式[M].楚祎楠，译.南昌：江西人民出版社，2017.

[9] 尤里奇，曾格，斯莫尔伍德.结果导向的领导力[M].赵实，译.北京：机械工业出版社，2016.

[10] 佩勒林. 4D 卓越团队：美国宇航局的管理法则 [M]. 李雪柏，译. 北京：中华工商联出版社，2014.

[11] 戈尔曼，柯林斯，海费兹，等. 什么造就了领导者 [M]. 石小竹，曲茜，陈媛熙，等译. 北京：中信出版社，2015.

[12] 德鲁克，克里斯坦森，奎因，等. 自我发现与重塑 [M]. 刘铮筝，万艳，蒋荟蓉，等译. 北京：中信出版社，2015.

[13] 拉思. 盖洛普优势识别器 2.0[M]. 常宵，译. 北京：中国青年出版社，2016.

[14] 康纳狄，查兰. 人才管理大师：为什么聪明的管理者会先培养人才再考虑绩效 [M]. 刘勇军，朱洁，译. 北京：机械工业出版社，2012.

[15] 麦格雷戈，格尔圣菲尔德. 企业的人性面 [M]. 韩卉，译. 杭州：浙江人民出版社，2017.

[16] 库泽斯，波斯纳. 领导力：如何在组织中成就卓越（第 6 版）[M]. 徐中，沈小滨，译. 杨斌，审校. 北京：电子工业出版社，2018.

[17] 普劳斯. 决策与判断 [M]. 施俊琦，王星，译. 北京：人民邮电出版社，2004.

[18] 查兰. 逆转力：经济不确定时代的新领导法则 [M]. 何正云，张琛，译，中国人民大学出版社，2009.7.

[19] 李志刚. 九败一胜：美团创始人王兴创业十年 [M]. 北京：北京联合出版公司，2014.

[20] 麦格尼格尔. 自控力 [M]. 王岑卉，译. 北京：文化发展出版社（原印刷工业出版社），2017.

[21] 扬. 如何高效学习：1 年完成 MIT 4 年 33 门课程的整体性学习法 [M]. 程冕，译. 北京：机械工业出版社，2014.

[22] 桑德伯格，格兰特. 另一种选择 [M]. 田蓝，乐怡，译. 北京：中信出版集团，2017.

[23] 田涛，吴春波. 下一个倒下的会不会是华为 [M]. 北京：中信出版社，2017.

[24] 柯维. 信任的速度 [M]. 王新鸿, 译. 北京: 中国青年出版社, 2011.

[25] 诺瓦克. 赏识的力量 [M]. 谭怡琦, 译. 广州: 广东人民出版社, 2017.

[26] 兰西奥尼. 团队协作的五大障碍 [M]. 华颖, 译. 北京: 中信出版社, 2013.

[27] 纳德拉. 刷新: 重新发现商业与未来 [M]. 陈召强, 杨洋, 译. 北京: 中信出版社, 2018.

[28] 吴晓波. 腾讯传 [M]. 杭州: 浙江大学出版社, 2017.

[29] 查兰. 高管路径: 卓越领导者的成长模式 [M]. 徐中, 杨懿梅, 译. 北京: 机械工业出版社, 2016.

[30] 惠特默. 高绩效教练(原书第5版) [M]. 徐中, 姜瑞, 佛影, 译. 北京: 机械工业出版社, 2018.

[31] 安德森. 演讲的力量: 如何让公众表达变成影响力 [M]. 蒋贤萍, 译. 北京: 中信出版社, 2016.

[32] 施密特, 罗森伯格, 伊戈尔. 重新定义公司: 谷歌是如何运营的 [M]. 靳婷婷, 译. 北京: 中信出版社, 2015.

[33] 德鲁克. 卓有成效的管理者 [M]. 许是祥, 译. 那国毅, 审校. 北京: 机械工业出版社, 2019.

[34] 帕特森, 格雷尼, 麦克米兰, 等, 关键对话: 如何高效能沟通(原书第2版)(珍藏版) [M]. 毕崇毅, 译. 北京: 机械工业出版社, 2017.

[35] 霍夫曼, 卡斯诺查. 联盟: 互联网时代的人才变革 [M]. 路蒙佳, 译. 北京: 中信出版社, 2015.

[36] 麦戈尼格尔. 游戏改变世界(经典版) [M]. 闾佳, 译. 北京: 北京联合出版公司, 2016.

[37] 李钟文, 米勒, 韩柯克, 等. 硅谷优势 [M]. 北京: 人民出版社, 2002.

[38] 郭士纳. 谁说大象不能跳舞(纪念版) [M]. 张秀琴, 音正权, 译. 北京: 中信出版社, 2015.

[39] 沃特克. OKR工作法: 谷歌、领英等公司的高绩效秘籍 [M]. 明道团队, 译. 北京: 中信出版社, 2017.

[40] 威尔瑟，麦考利，鲁德尔曼，等. CCL 领导力开发手册（第三版）[M]. 徐中，胡金枫，译. 北京：北京大学出版社，2014.

[41] 博西迪，查兰，伯克. 执行：如何完成任务的学问（珍藏版）[M]. 刘祥亚，译. 徐中，审校. 北京：机械工业出版社，2016.8.

[42] 施密特，罗森伯格. 成就 [M]. 葛仲君，译. 北京：中信出版社，2020.

彼得·德鲁克全集

序号	书名	要点提示
1	工业人的未来 The Future of Industrial Man	工业社会三部曲之一，帮助读者理解工业社会的基本单元——企业及其管理的全貌
2	公司的概念 Concept of the Corporation	工业社会三部曲之一，揭示组织如何运行，它所面临的挑战、问题和遵循的基本原理
3	新社会 The New Society：The Anatomy of Industrial Order	工业社会三部曲之一，堪称一部预言，书中揭示的趋势在短短十几年都变成了现实，体现了德鲁克在管理、社会、政治、历史和心理方面的高度智慧
4	管理的实践 The Practice of Management	德鲁克因为这本书开创了管理"学科"，奠定了现代管理学之父的地位
5	已经发生的未来 Landmarks of Tomorrow：A Report on the New "Post-Modern" World	论述了"后现代"新世界的思想转变，阐述了世界面临的四个现实性挑战，关注人类存在的精神实质
6	为成果而管理 Managing for Results	探讨企业为创造经济绩效和经济成果，必须完成的经济任务
7	卓有成效的管理者 The Effective Executive	彼得·德鲁克最为畅销的一本书，谈个人管理，包含了目标管理与时间管理等决定个人是否能卓有成效的关键问题
8 ☆	不连续的时代 The Age of Discontinuity	应对社会巨变的行动纲领，德鲁克洞察未来的巅峰之作
9 ☆	面向未来的管理者 Preparing Tomorrow's Business Leaders Today	德鲁克编辑的文集，探讨商业系统和商学院五十年的结构变化，以及成为未来的商业领袖需要做哪些准备
10 ☆	技术与管理 Technology，Management and Society	从技术及其历史说起，探讨从事工作之人的问题，旨在启发人们如何努力使自己变得卓有成效
11 ☆	人与商业 Men，Ideas，and Politics	侧重商业与社会，把握根本性的商业变革、思想与行为之间的关系，在结构复杂的组织中发挥领导力
12	管理：使命、责任、实践（实践篇） Management:Tasks,Responsibilities,Practices	为管理者提供一套指引管理者实践的条理化"认知体系"
13	管理：使命、责任、实践（使命篇） Management:Tasks,Responsibilities,Practices	
14	管理：使命、责任、实践（责任篇） Management:Tasks,Responsibilities,Practices	
15	养老金革命 The Pension Fund Revolution	探讨人口老龄化社会下，养老金革命给美国经济带来的影响
16	人与绩效：德鲁克论管理精华 People and Performance: The Best of Peter Drucker on Management	广义文化背景中，管理复杂而又不断变化的维度与任务，提出了诸多开创性意见
17 ☆	认识管理 An Introductory View of Management	德鲁克写给初步入管理殿堂者的通识入门书
18	德鲁克经典管理案例解析（纪念版） Management Cases(Revised Edition)	提出管理中10个经典场景，将管理原理应用于实践

彼得·德鲁克全集

序号	书名	要点提示
19	旁观者：管理大师德鲁克回忆录 Adventures of a Bystander	德鲁克回忆录
20	动荡时代的管理 Managing in Turbulent Times	在动荡的商业环境中，高管理层、中级管理层和一线主管应该做什么
21 ☆	迈向经济新纪元 Toward the Next Economics and Other Essays	社会动态变化及其对企业等组织机构的影响
22 ☆	时代变局中的管理者 The Changing World of the Executive	管理者的角色内涵的变化、他们的任务和使命、面临的问题和机遇以及他们的发展趋势
23	最后的完美世界 The Last of All Possible Worlds	德鲁克生平仅著两部小说之一
24	行善的诱惑 The Temptation to Do Good	德鲁克生平仅著两部小说之一
25	创新与企业家精神 Innovation and Entrepreneurship:Practice and Principles	探讨创新的原则，使创新成为提升绩效的利器
26	管理前沿 The Frontiers of Management	德鲁克对未来企业成功经营策略和方法的预测
27	管理新现实 The New Realities	理解世界政治、政府、经济、信息技术和商业的必读之作
28	非营利组织的管理 Managing the Non-Profit Organization	探讨非营利组织如何实现社会价值
29	管理未来 Managing for the Future:The 1990s and Beyond	解决经理人身边的经济、人、管理、组织等企业内外的具体问题
30 ☆	生态愿景 The Ecological Vision	对个人与社会关系的探讨，对经济、技术、艺术的审视等
31 ☆	知识社会 Post-Capitalist Society	探索与分析了我们如何从一个基于资本、土地和劳动力的社会，转向一个以知识作为主要资源、以组织作为核心结构的社会
32	巨变时代的管理 Managing in a Time of Great Change	德鲁克探讨变革时代的管理与管理者、组织面临的变革与挑战、世界区域经济的力量和趋势分析、政府及社会管理的洞见
33	德鲁克看中国与日本：德鲁克对话"日本商业圣手"中内功 Drucker on Asia	明确指出了自由市场和自由企业，中日两国等所面临的挑战，个人、企业的应对方法
34	德鲁克论管理 Peter Drucker on the Profession of Management	德鲁克发表于《哈佛商业评论》的文章精心编纂，聚焦管理问题的"答案之书"
35	21世纪的管理挑战 Management Challenges for the 21st Century	德鲁克从6大方面深刻分析管理者和知识工作者个人正面临的挑战
36	德鲁克管理思想精要 The Essential Drucker	从德鲁克60年管理工作经历和作品中精心挑选、编写而成，德鲁克管理思想的精髓
37	下一个社会的管理 Managing in the Next Society	探讨管理者如何利用这些人口因素与信息革命的巨变，知识工作者的崛起等变化，将之转变成企业的机会
38	功能社会：德鲁克自选集 A Functioning society	汇集了德鲁克在社区、社会和政治结构领域的观点
39 ☆	德鲁克演讲实录 The Drucker Lectures	德鲁克60年经典演讲集锦，感悟大师思想的发展历程
40	管理（原书修订版） Management(Revised Edition)	融入了德鲁克于1974~2005年间有关管理的著述
41	卓有成效管理者的实践（纪念版） The Effective Executive in Action	一本教你做正确的事，继而实现卓有成效的日志笔记本式作品

注：序号有标记的书是新增引进翻译出版的作品

沙因谦逊领导力丛书

清华大学经济管理学院领导力研究中心主任
杨斌 教授 诚意推荐

合作的**伙伴**、熟络的**客户**、亲密的**伴侣**、饱含爱意的**亲子**
为什么在一次次的互动中,走向抵触、憎恨甚至逃离?

推荐给老师、顾问、教练、领导、父亲、母亲等
想要给予指导,有长远影响力的人

沙因 60 年工作心得——谦逊的魅力

埃德加·沙因(Edgar H. Schein)

世界百位影响力管理大师之一,企业文化与组织心理学领域开创者和奠基人
美国麻省理工斯隆管理学院终身荣誉教授
芝加哥大学教育学学士,斯坦福大学心理学硕士,哈佛大学社会心理学博士

1《恰到好处的帮助》

讲述了提供有效指导所需的条件和心理因素,指导的原则和技巧。老师、顾问、教练、领导、父亲、母亲等想要给予指导,有长远影响力的人,"帮助"之道的必修课。

2《谦逊的问讯》(原书第 2 版)

谦逊不是故作姿态的低调,也不是策略性的示弱,重新审视自己在工作和家庭关系中的日常说话方式,学会以询问开启良好关系。

3《谦逊的咨询》

咨询师必读,沙因从业 50 年的咨询经历,如何从实习生成长为咨询大师,运用谦逊的魅力,帮助管理者和组织获得成长。

4《谦逊领导力》(原书第 2 版)

从人际关系的角度看待领导力,把关系划分为四个层级,你可以诊断自己和对方的关系应该处于哪个层级,并采取合理的沟通策略,在组织中建立共享、开放、信任的关系,有效提高领导力。

约翰·科特领导力与变革管理经典

约翰·科特

举世闻名的领导力专家,世界顶级企业领导与变革领域最为权威的发言人。年仅33岁即荣任哈佛商学院终身教授,和"竞争战略之父"迈克尔·波特一样,是哈佛历史上此项殊荣的年轻获得主。2008年被《哈佛商业评论》中文官网评为对中国当代商业思想和实践有着广泛影响的6位哈佛思想领袖之一。

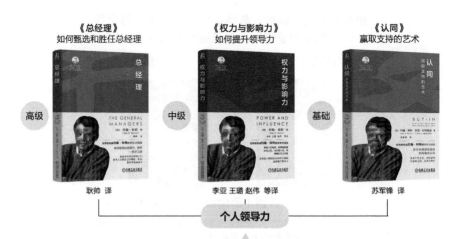

高级	中级	基础
《总经理》 如何甄选和胜任总经理 耿帅 译	《权力与影响力》 如何提升领导力 李亚 王璐 赵伟 等译	《认同》 赢取支持的艺术 苏军锋 译

个人领导力

大师经典助你应对急剧变化的新世界

变革工具箱

原理	方案	措施
《领导变革》 变革的原理与8个步骤 徐中 译	《变革之心》 变革实操落地解决方案与案例 刘祥亚 译	《变革加速器》 快速构建双元驱动敏捷组织成功转型 徐中 译